SPECIAL DELIVERY
TO
Santa Claus
North Pole

How fun!
Western holidays

西洋節慶
好好玩

輕鬆上手的派對指南

郭芷婷 Natalie Kuo 文・攝影
Tomoko Maruyama 插畫

Heidi

Contents

Part 1
Traditional Western Festivities
西洋傳統節慶

Christmas 聖誕節

Part 2
Seasonal Parties
季節派對

作者序 Preface

以派對之名，
填滿幸福的家庭回憶

過去一年，每當有人問起：「最近在進行什麼新項目？」我總會樂此不疲地滔滔解說這本書的規劃內容：「派對書」，我喜歡這麼稱呼它。而事實上，我認為大概也沒有其他稱呼更適合形容本書了！在這一本書裡，你與孩童能共同閱讀對歐美家庭最具重要性的年度節慶：聖誕節、復活節、萬聖節、感恩節，了解節慶的故事、文化淵源、習俗傳統……但不僅於此。這一本書，集結了許多歐美朋友娓娓道來的童年經驗，透過他們的珍貴回憶，為大家敞開跨文化的門扉，但不僅於此。透過這一本書，你與孩童能開心體驗非玩不可的經典節慶遊戲、嘗試手作與布置，但仍不僅於此。這一本書，更分享了歐美家庭相傳的節慶料理，讓你能依照食譜，輕鬆烹飪出一桌道地又美味的豐盛饗宴！

第一次有這本派對書的想法，是在 2012 年的聖誕節。當時，我與加拿大籍的老公剛結婚，一起回到維多利亞與公婆歡度佳節。聖誕節是婆婆一年之中最重視的家庭節日，重要性就如同農曆新年對於臺灣的家庭一般，象徵團圓。我雖然是道地的臺灣女孩，但我的媽媽很擅長營造節慶氛圍，不分中西。記得從小，每到 12 月她會費心在家裡擺聖誕樹、纏繞燈飾，甚至在平安夜偷偷藏小糖果在我們的襪子裡；農曆新年時節，她則改換起春聯鞭炮、張燈結彩、圍爐辦桌。因此，前往婆婆家時我心裡暗想，聖誕節？沒問題的，不就大概那樣嘛！事實是，那一年我的道地西洋聖誕初體驗，仍如劉姥姥逛大觀園，處處皆驚奇，遠遠超乎想像。

決定將書的概念訴諸實際計畫，則是隔年的萬聖節。臉書上，許多擁有學齡孩童的朋友們，紛紛在動態上求救：「小孩問我萬聖節是做什麼，誰知道啊？」「孩子學校要辦萬聖節活動，該怎麼準備？」「南瓜燈怎麼雕？」我才發現，其實西洋節日的慶祝已經悄悄地，甚至越來越普遍地在臺灣或其他亞洲國家發酵，不論是透過政府或企業主辦的活動、學校發起的主題教學，或者單純是家長們想帶給孩童有趣的跨文化體驗……人們對於西洋節慶充滿著好奇心，但知識與資源卻仍然有限。於是我期望，這本書的完成，能滿足家長們、師長們，以及孩童們對西洋節慶的好奇心與求知慾，並一同體驗趣味十足的異國文化。

這一整年，投入在這本書的工作雖然像是一場馬拉松式的挑戰，仍令我樂在其中。感謝我的老公 Michael，給予我無比的信心和無條件的支持。感謝一起合作的插畫家 Tomoko Maruyama，用生動的插畫作品讓本書更加豐富有趣。謝謝曾經接受我諮詢節慶的所有親友團，其中包括我的婆婆 Margaret，以及 Adam、Amy、Jenna、Jennifer、Jill、Julia、Kavitha、Kristen、Marlyn。由衷感謝華成圖書出版的遠見，以及企劃編輯林逸叡的支持，能再度跟此團隊合作是我的榮幸。

最後，謝謝正在閱讀的你們，從今年開始，讓我們一起以派對之名，與孩童共同填滿幸福的家庭回憶吧！

郭芷婷 Natalie Kuo
eatplaylovesf.com

Illustrator
關於插畫家

　　Tomoko Maruyama 是位定居舊金山的日本籍插畫家。她相信，所有生活中的經歷與想像，都能以藝術的型態表達，並期望將這些感動，透過插畫創作分享給大眾。在日本出生、成長，畢業於日本體育大學健康暨運動科學系的 Tomoko Maruyama 曾在東京擔任數年的體育老師。受到對藝術的熱情驅使，她決定辭去教職，隻身前往美國紐澤西的新澤西世紀學院（Centenary College）研讀平面設計與多媒體藝術學士。畢業後，她先於曼哈頓的設計事務所擔任平面設計師，隨後搬到舊金山成立自己的工作室與品牌「Colors of San Francisco」，創作物囊括印刷畫作、文具與旅行紀念禮品等，在舊金山灣區的多家書店、文具店，以及博物館商店皆有販售，並承接企業形象與產品包裝的設計案。

　　Tomoko Maruyama 的插畫作品以多彩繽紛的線條色塊，搭配溫暖的色調為主要特色，用心地在畫作中，傳達愛與溫馨的生活感動。

插畫家致謝

　　謝謝我的工作夥伴 Natalie，在一起合作這本書的期間，我們分享了許多愉快的時光，計畫並討論著想呈現給讀者的內容。我感謝她的友誼與支持，並開心能有這麼一位朋友。同時，我也要向所有曾給予我建議和鼓勵的朋友致上謝意，以及最重要的，感謝我在舊金山的家人們，給了我許多支持和幫助。

Tomoko Maruyama
www.tomokomaruyama.com

PART 1

西洋傳統節慶

Traditional Western Festivities

Fam Veld/Shutterstock

Christmas

聖誕節

S. Borisov/Shutterstock

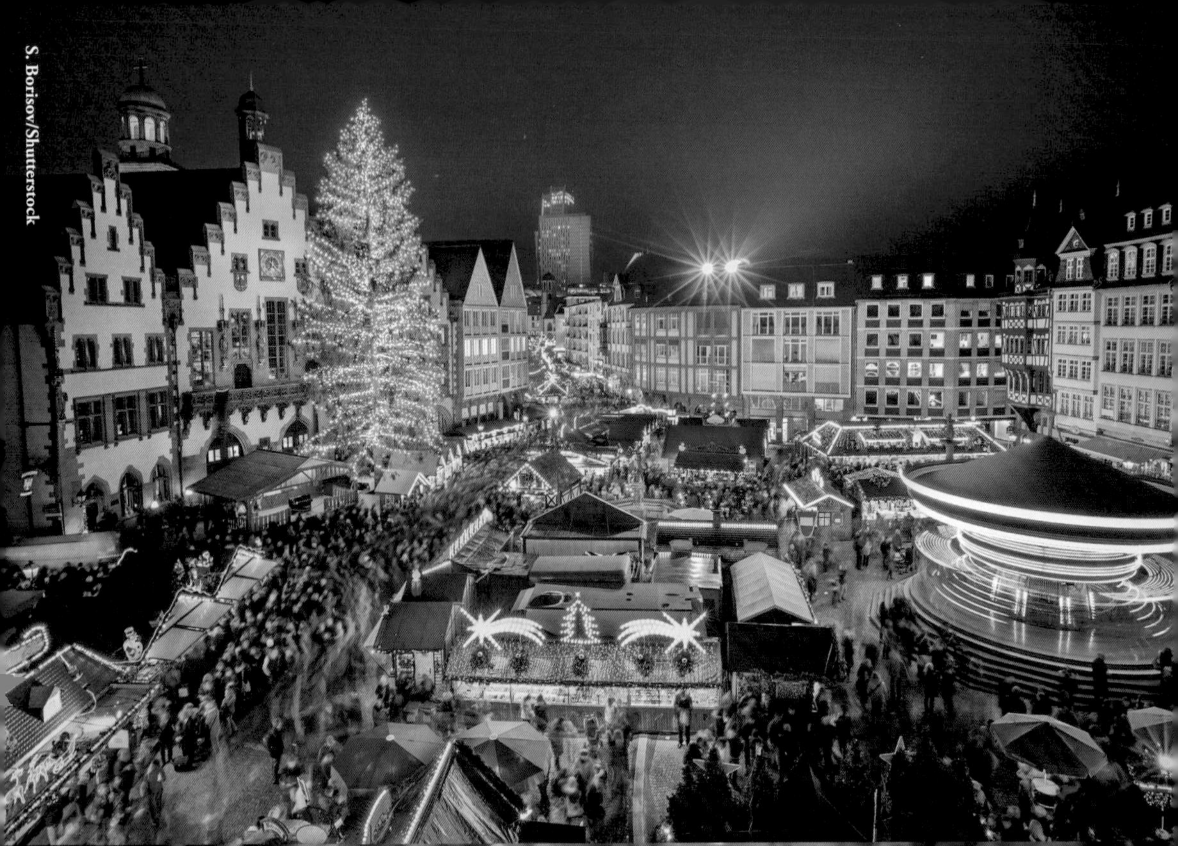

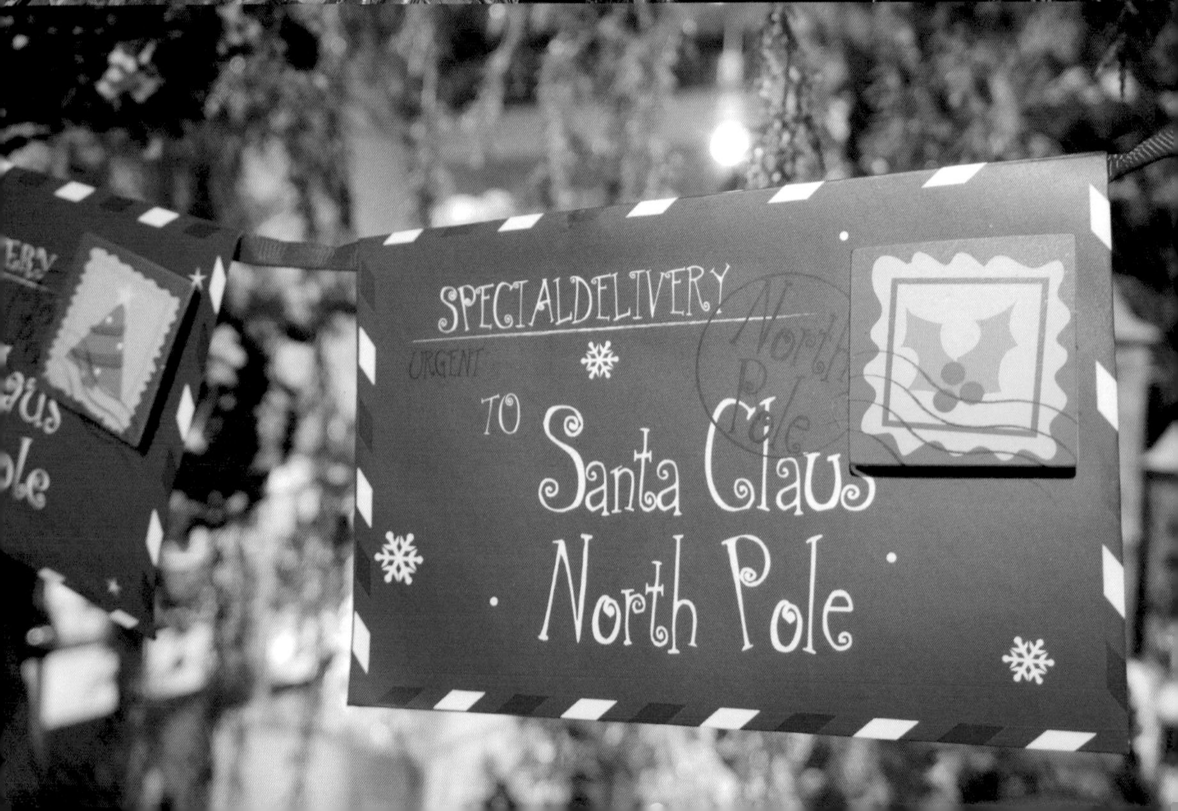

The Ancient Midwinter Party

源自古歐洲的冬至派對

聖誕節是多數西方人心目中最重要的節日，象徵著家庭的團圓、希望、歡樂與愛。每年 12 月開始，街頭巷尾陸續妝點起霓虹繽紛的燈飾，城市廣場內矗立起一株比一株還高的參天松杉。百貨商場的玻璃帷幕中，陳列著各式各樣的折扣品項，吸引熙攘的人潮，趕在即將來臨的平安夜前，精心挑選能聊表心意的聖誕禮物。

現代西方人歡慶聖誕節為耶穌基督的誕辰紀念日，事實上，早在基督教建立之前的古歐洲，異地文化族群便已不約而同地，在相同的時節舉辦各自的儀式慶典。古埃及人歡慶 12 月 25 日為冥神奧賽里斯（Osiris）與生育女神伊西斯（Isis）之子——天空之神荷魯斯（Horus）的生日；同樣這天，也是古巴比倫天后之子巴力（Baal），和古波斯光明之神密特拉（Mithra）的誕辰紀念日。歐洲北部與中部的日耳曼民族將此日稱為「Yuletide」，意為太陽甦醒之時；古羅馬人則於每年 12 月 17 日開始為期一周，全城沉浸在「農神節」（Saturnalia）的喜悅裡，以祭祀儀式、美酒宴席、禮物贈送，以及連續的派對大肆狂歡。

跳脫神話信仰的傳說，這令人驚奇的巧合其實與北半球的「冬至」（Winter Solstice）息息相關。依照天文物理學的實測，太陽每年約於 12 月 21 日或 22 日直射南回歸線，帶來北半球最長的暗夜。這天過後白晝日增，影射了光明與希望、生命與豐饒的信仰意涵。村落居民在此時宰殺無法持續飼養過冬的家禽牲畜、開封甫釀造完成的葡萄新酒，趁這又冷又長的夜裡，大啖鮮肉、把酒言歡，形成了這一場冬至派對的歡宴傳統。

基督教發展與聖誕節

　　這古老的歐洲冬至慶典，又是如何轉變成現代歐美舉國歡慶的聖誕節？事實上，直到四世紀之前，基督教徒並沒有慶祝聖誕節的傳統，甚至對於耶穌基督究竟在何時誕生也眾說紛紜。西元 350 年，當羅馬教皇儒略一世（Pope Julius I）毅然決定將古希臘羅馬神話中，太陽神阿波羅（Apollō）的生日——12 月 25 日，選為耶穌基督的誕辰日，收錄於宗教日曆後，聖誕節才首度成為基督教的正式節日。經由此舉，羅馬教會不僅巧妙地將各地的冬至慶典基督教化，更讓不同的部落民族，都能在自有的文化傳統裡，找到和基督教習俗相同的歸屬感。號召力之強大，由八世紀末期，基督教聖誕節的慶祝已普及全歐洲，可見一斑！

Different days of Christmas
聖誕日大不同

　　同為聖誕節，某些歐洲國家卻有著不同的慶祝日期，無需驚訝。事實上，這與不同基督教派／教會所採納的日曆演算法有關。例如，基督教國教歷史最悠久的亞美尼亞教派（Armenians），便因為不願與異教徒習俗混淆，至今仍堅持以耶穌的受洗日──1月6日主顯日（Epiphany）來慶祝耶穌誕生。而俄羅斯、耶路撒冷、塞爾維亞等以東正教派為主的國家，教會則沿用古羅馬的舊儒略曆法（Old Julian Calendar）為宗教年曆，與現代通用的新格里曆（Gregorian Calendar）約有 13 天的誤差，因此形成於新曆 1 月7 日慶祝聖誕節的習俗。

Celebrating Christmas
聖誕節傳統

Christmas Feast

聖誕饗宴樂團圓

　　滿桌豐盛佳餚、美酒與甜食的晚餐饗宴，是歡慶聖誕節的重頭戲。聖誕饗宴通常於12 月 24 日平安夜的黃昏後開始，許多歐美家庭更連續兩日舉辦聖誕晚宴，第一晚為家庭成員的團圓聚會，另一晚則邀請親朋好友派對同歡。晚宴傳統由一道肉類或魚類為主菜，搭配多道蔬菜熱食、烘焙馬鈴薯為附餐，最後端出傳統糕點，例如英國人的酒漬乾果蛋糕（Christmas Fruit Cake）、北歐人的米布丁（Rice Pudidng），或是甜餡派（Mince Pie）等甜點，搭配咖啡或茶飲收尾。

烤雞是北美聖誕晚宴中最常見的主菜，沾上由內臟特製的肉汁，或是熬煮自新鮮莓果的甜沾醬一同食用。然而，在十六世紀西班牙商人將火雞從美洲引進荷蘭以前，火雞在歐洲並不可見，因此至今許多歐洲家庭仍保留早期的傳統，以烤脆皮野豬、烤鴨鵝或烤牛肉作為晚宴主菜。對於信仰東正教派的東歐家庭而言，聖誕日前 40 天為齋戒期，依循傳統則以魚湯、炸鮮魚、香蕈蔬菜、穀類麵包等，組合成十二道素菜，以紀念基督的十二個使徒。

　　聖誕派對在酒足飯飽後持續加溫，大夥收拾碗盤後聚集至起居室，在聖誕樹的熠熠夜光中，一同玩遊戲、跳舞、彈唱聖誕歌曲⋯⋯在家庭各自相承的傳統習俗裡，享受與摯愛親人們愉悅團圓的溫馨夜晚。

Sarsmis/Shutterstock

Christmas Cracker

聖誕禮炮

在英國、加拿大、澳洲與紐西蘭等英系國家，聖誕晚宴由賓主共同拉響「聖誕禮炮」（Christmas Cracker）揭開序幕。十九世紀中期，倫敦的糖果製造者湯瑪仕史密斯（Thomas Smith）在劈啪作響的燒柴壁爐前突發奇想：何不將糖果盒與爆竹合而為一？於是他將糖果、紙籤、小玩具、派對紙帽，放入空心紙筒，紙筒內層交疊黏上兩條浸泡過雷酸銀的長紙條，紙條兩端露出孔外，再整體覆上亮麗的包裝紙。只要拉住紙筒兩端的包裝紙邊，反方向用力扯開，紙條就會因為相互摩擦而發出爆響，掉出裡頭的驚喜。

依照傳統，派對主人擺設餐桌時，事先於每套餐具旁放上一支聖誕禮炮。所有賓客入座後，眾人一手拿起自己的禮炮一端，雙手交叉，另一手則拉住鄰座賓客的禮炮一端，齊聲倒數，一同扯開聖誕禮炮。爆竹聲後，大家戴上禮炮內的彩色派對紙帽，開始用餐。晚宴期間，賓客互相分享獲得的紙籤笑話、腦筋急轉彎謎題、或交換小玩具把玩，為派對增添不少歡樂氣氛。

Noam Armon/Shutterstock

GorillaImages/Shutterstock

聖誕使者&神祕禮物

收到來自「神祕送禮使者」的驚喜禮物，是歐美孩童在聖誕節最雀躍期待的時刻！關於這位「神祕送禮使者」的由來，在民間流傳著數種傳說、繪聲繪影出不同的樣貌，可歸納為「長鬍老人」與「小天使」兩種淵源。

希臘傳奇長老

「長鬍老人」派的送禮使者，最早可追溯至四世紀時，古希臘米拉城裡的傳奇主教聖尼古拉斯（Saint Nicholas），尤以其解救三姐妹的故事最為人津津樂道。當時，米拉城裡住著一位獨力扶養三個女兒的貧苦父親，他因無法提供已過適婚年齡的女兒們嫁妝，面臨著必須簽下女兒賣身契的困境。聖尼古拉斯主教得知後，趁著夜晚兩度將裝滿金幣的布袋，悄悄丟入該戶人家窗口，掉進了掛在壁爐旁晾乾的襪子裡，協助了大女兒與二女兒順利出嫁。當三女兒也邁入適婚年齡時，聖尼古拉斯再次前來贈與金幣袋，終於被暗中守在客廳的父親目睹，追出門答謝。聖尼古拉斯為善不欲人知的美德從此傳遍村莊，之後每當有家庭收到神祕禮品，便默默感謝著聖尼古拉斯。數個世紀後，聖尼古拉斯的傳說跨越國度，歐洲各地流傳著類似的行善故事，描述他如何在法國從邪惡的旅館老闆手中拯救了旅行的學生；或是由西班牙航行抵達阿姆斯特丹時，逐戶在孩童鞋履內塞糖果，以答謝居民贈與馬匹的乾糧⋯⋯口耳相傳的生動傳說，逐漸將聖尼古拉斯塑造成關懷孩童的送禮老人。

德國聖誕小天使

在德國與鄰近的新教派中歐國家，如瑞士、捷克、盧森堡、斯洛伐克、匈牙利和義大利的德語區等，聖誕禮物則是由傳說中象徵嬰兒基督（Baby Jesus）的小天使——衣著潔白、飛舞著天使翅膀的聖誕小孩（德文 Christkind），於平安夜晚搖著鈴鐺攜帶前來。孩童們在平安夜晚餐後，便興奮難耐地等候鈴聲響起，鈴響後才能來到聖誕樹下，找尋小天使遺留的禮物。

北歐矮人精靈

　　北歐斯堪地那維亞半島上，童書裡描繪出的聖誕送禮使者，為身高僅 100 公分、頭戴毛織圓錐小紅帽、腳踏白色木屐的小矮人精靈（Tomte）。小精靈趁平安夜孩童都入睡後，悄悄地騎著山羊，踏雪前來。他將聖誕禮物擺放在家門口，並將孩童們貼心留置的米布丁（Rice Pudding）吃個精光。

北美聖誕老人

　　「神祕送禮使者」的多種傳說，隨著世界各國的移民飄洋至美國，在文化熔爐的融合下模糊了樣貌。1823 年，美國作家克萊門摩爾（Clement Moore）在〈聖誕節前夕〉（Twas the Night Before Christmas）詩作中，描述一位小男孩在平安夜目睹聖尼古拉斯駕著麋鹿、拉著載有禮物布袋的雪撬飛上屋簷，從煙囪滑入家中的驚奇體驗。故事裡，聖尼古拉斯有著圓嘟嘟的肚子、玫瑰般紅潤的雙頰、櫻桃狀的鼻子、和雪白的長鬍鬚，慈祥和藹地將聖誕禮物塞滿襪子。

　　摩爾的詩作隨後大受歡迎，詩中對聖尼古拉斯的體態樣貌和送禮過程的詳細敘述，成為美國家庭父母們轉述給孩童的節慶故事。而聖尼古拉斯的名字，也由荷蘭文「Sinterklaas」的發音演變為如今家喻戶曉的「Santa Claus」聖誕老人。1931 年，插畫家海頓珊布（Haddon Sundblom）為可口可樂設計一系列聖誕節海報，廣告裡聖誕老人除了體現著摩爾詩中對聖尼古拉斯的敘述，海頓更將其描繪成身著毛絨紅衣、紅帽，繫著寬腰帶，且腳踏大雪靴的生動造型，透過媒體宣傳和全球貿易的推展，由北美洲風靡回歐洲，聖誕老人的形象從此在全世界定調。

聖誕節回憶

Kavitha ／文化：斯里蘭卡、英國、加拿大

　　我最難忘的聖誕節是 8 歲那年。平安夜晚，我抱著很興奮的心情上床睡覺，幻想著今年聖誕老人會送我什麼禮物。早晨半夢半醒之間，我睜開雙眼，映入眼簾的是天花板上一整片發著光芒的星雲！記得當時我無法理解聖誕老人和他的麋鹿究竟是如何辦到的。這個驚喜讓我無比興奮，開心到忘了要下樓去查看聖誕襪裡裝了什麼，也不急著到聖誕樹下找禮物。我就這麼躺在床上，望著眼前發亮的小星星，享受神奇的早晨。

　　聖誕節對我而言是一年之中最重要的節日，充滿歡樂。不僅全家人可以聚在一塊，我的朋友們也會一起前往教堂參加彌撒。通常小孩們會合作上臺表演耶穌誕生的故事、全體歡唱耶誕頌歌，然後進行禮物交換。小時候，我最喜歡跟家人一起到商店選購聖誕禮物，我一邊挑選要送給朋友的禮物，一邊想像自己可能獲得什麼。

　　聖誕晚餐前，我們家有個傳統是：所有人同時拉開聖誕禮炮，然後每個人都要戴上彩色紙帽，邊吃飯邊講笑話。晚餐後，全家人整裝出發到教堂做午夜彌撒，我和妹妹若是表現良好，睡前就可以先選一個禮物拆開作為獎賞。即便現在已經長大成年，每當聆聽耶誕頌歌、觀賞聖誕樹時，都會令我回想起當年，有多麼興奮期待聖誕節的到來。

Marlyn ／文化：斯洛伐克、加拿大

在斯洛伐克，聖誕節的慶祝方式和北美洲不太一樣。24 日晚間，我們以傳統的「居家祈福」儀式開始：全家人聚集在一起，爸爸與媽媽一人捧著聖水、一人握著蠟燭，我和哥哥則跟在身後，一同巡禮家中的每一個房間。我們一邊念著《聖母經》（Hail Mary）和《聖三光榮頌》（Glory be to the Father）祈禱文，一邊用聖水比劃十字架，透過蠟燭，將光明的象徵帶入居家的每個角落。祈福儀式完成後，我們便來到餐廳享用聖誕晚餐。因為宗教教派的關係，斯洛伐克的平安夜晚餐以素食為主。第一道前菜是類似法蘭酥的圓形薄脆餅，稱作「Oplatky」，通常沾著蜂蜜和胡桃一起吃，代表著甜蜜和健康的生活。主菜有白菜和香菇燉煮的蔬菜濃湯、煎魚，以及馬鈴薯沙拉。晚餐後我們聚集到聖誕樹旁，喝咖啡、吃甜點，同時拆開每個人的聖誕節禮物，然後聊天遊戲直到上床睡覺。

小時候我相信有聖誕老人和他的九隻馴鹿，尤其我特別喜歡帶頭拉雪橇的紅鼻子馴鹿魯道夫（Rudolph the Red-Nosed Reindeer）。我們的聖誕樹放在一樓客廳，旁邊是傳統的燒柴壁爐，我一直很不理解為什麼聖誕老人可以從煙囪下來但沒被燒焦？有一年我爸媽為了讓我和哥哥更買帳，大人們在樓下叫喊說聽到聖誕馴鹿飛來了（當然我和哥哥沒聽到），甚至還特別搖鈴鐺、敲鐘響，不過我們被規定不能下樓來跟聖誕老人見面，因為「他是個大忙人！」我爸媽這樣說。有一次聖誕節前我問爸媽，怎麼不擺鞋子在樹旁讓聖誕老人塞糖果？結果那年聖誕老人還真的在我哥哥的鞋子裡塞滿滿的糖果，但我的鞋子卻只有鞋尖處鼓起，最外端還堵著一塊煤炭，害我乍看之下以為自己只獲得煤塊，令我好傷心！

Christmas Decorations
聖誕節布置

The Legend of Christmas Firs
愛與新生的野生小杉

　　12 月散步於歐美城鎮，經常可見男士們從聖誕樹農場，或扛或載著杉樹回家的畫面。若以圓桌圍爐之於農曆新年的華人家庭，來比喻聖誕樹對於歐美家庭歡度聖誕節的重要性，可說一點也不為過。聖誕樹前，是闔家團圓的溫馨場地。遠在他鄉的家庭成員，即便舟車勞頓，也迫不及待地趕在平安夜晚餐前，回到父母的住處團聚，分享過去一年的生活心得。孩童們嬉鬧著吃著薑餅人與拐杖糖，幫忙將裝飾品掛上聖誕樹、於窗臺邊擺放堅果鉗木偶，或是在爐端木簷上方，陳列出敘述耶穌基督誕生的故事雕像，共同完成應景布置。

　　中古世紀的歐洲，部落民族已有使用常綠樹的枝葉來裝飾冬至慶典的古老習俗，象徵生命之永續。但「聖誕樹」的由來，卻是在一則充滿神話色彩的傳說後，才逐漸傳開。西元 724 年，英國傳教士聖波尼菲斯（St. Boniface）來到德國的蓋斯馬小鎮（Geismar）布道。黑森林中，他遇見一群日耳曼異教徒，正準備犧牲一名孩童，當作雷神索爾的祭祀品。聖波尼菲斯連忙阻止，在異教徒面前闊斧砍下象徵雷神索爾的聖橡樹，此舉嚇壞了異教徒。結果，砍倒聖樹的聖波尼菲斯不但沒有遭到雷神天譴懲罰，橡樹前反而冒出一棵針葉小杉。聖波尼菲斯適時傳教，向眾人敘述小杉樹為耶穌基督的神蹟，代表著愛與新生，稱之為「聖誕樹」。

Bring the Christmas Trees Home

將聖誕樹帶回家

　　十六世紀的某個聖誕夜晚：德意志神學家馬丁路德（Martin Luther）散步行經一片白雪覆蓋的杉樹林，皎潔的月光反射在透出墨綠針葉的雪片上隱隱發光，美麗得令馬丁路德為之屏息。盼望與家人分享此情此景，他於是砍了一棵小杉樹帶回家，將小樹擺在客廳中央、於枝葉間掛上蠟燭，用閃爍的燭光模擬映射的星空月光，成為歷史上的首棵室內聖誕樹！

　　德意志家庭布置聖誕樹的習俗，在十九世紀經由媒體報導，才漸漸普及到英國和美國。1841 年聖誕節，英國維多利亞女王與德意志夫婿艾伯特王子（Prince Albert）於溫莎城堡（Windsor Castle）慶祝新生兒誕生。艾伯特王子依照德意志傳統，在城堡內設立一棵聖誕樹，王室家族以琳瑯滿目的蠟燭、玩具和糖果裝飾點綴，並在樹下擺放許多禮物。數年後，一幅描繪英國王室家庭歡樂齊聚聖誕樹前的素描，被《倫敦新聞》報紙大幅刊登，隨後更遠渡重洋出現在美國的女性雜誌《Godey's Lady's Book》上，成為英美家庭爭相效仿的時髦風潮。

Choose Your Christmas Tree

挑選聖誕樹

熱門西洋聖誕樹種

1. **貴族杉（Noble Fir）**：樹枝強韌、針葉持久不易脫落。其葉片形狀扁平、端圓而不扎手。貴族杉色澤藍綠，而樹底與樹頂稍呈銀色光澤。

2. **弗雷澤冷杉（Fraser Fir）**：為香氣十分優雅的聖誕樹種，觸感柔軟、色澤深綠而底部帶有銀色光澤。弗雷澤冷杉的樹枝末端微微上翹，適合懸掛品項豐富或稍重的飾品。

3. **香杉（Balsam Fir）**：北美普遍的聖誕樹種，針葉柔軟、色澤墨綠，且散發淡雅清新的木香。香杉的枝幹扁短、間距適中，適合小空間的居家布置。

4. **道格拉斯黃杉（Douglas Fir）**：樹形勻稱茂密，落葉壓碎後會散發出甜甜的果香。枝葉觸感柔軟、色澤青翠光亮。道格拉斯黃杉為北美洲第二高樹種，可達 90 公尺高。

5. **高加索冷杉（Nordmann Fir）**：因不易落葉而深受英國家庭喜愛，枝幹間距較寬但錯落有致，呈現層層塔型。針葉扁平柔軟、色澤深綠，較無香味。

6. **藍杉（Blue Spruce）**：樹種高大香味濃郁、色澤冷綠而偏藍。藍杉的針葉堅硬，十分適合懸掛大型裝飾品，在空間寬廣的挑高廳堂內顯得富麗堂皇。

　　選購聖誕樹前，別忘了先在家中規劃好擺放聖誕樹的位置，實際丈量出適合的高度與寬度。聖誕樹與天花板之間的最佳間距為 30 公分，距離過近將無法擺上樹頂裝飾，且會讓室內顯得壓迫擁擠。擺放聖誕樹時，千萬別太靠近火爐、暖氣出口或觸及電器插座，以免釀成祝融之災！

Decorate the Christmas Tree

裝飾聖誕樹

　　歐美家庭從 12 月的第二周開始，陸續在屋內架立起聖誕樹，擺設至新年過後主顯日（1 月 6 日）的隔天，才陸續卸下飾品、回收樹材。早期的聖誕樹裝飾以蠟燭為主，代表星光閃耀。枝葉間懸掛蘋果、薑餅、堅果和彩紙點綴，最後在樹頂擺上一幅天使像，象徵守護意涵。隨著聖誕樹習俗的普及，藝術家們開始創作各式各樣的聖誕飾品，尤以十九世紀中期，德意志勞沙（Lauscha）小鎮藝術家的手工彩繪玻璃球最為著名，成為爭相搶購的熱門聖誕節工藝品。在英國，貴族們流行訂製由金箔、銀箔包覆雕花的玻璃彩球，華貴而絢麗。與此同時，聖誕樹遭蠟燭點燃的火災意外於各地頻傳，1895 年，新英格蘭電話公司的話務員莫瑞斯（Ralph Morris），偶然從辦公室中配電盤上的小燈泡獲得靈感，進而發明了現代的聖誕燈飾。

　　全家人一同裝飾聖誕樹，為歐美家庭的重要節慶傳統。即使孩童已長大離家，父母仍會刻意將聖誕樹留白，等待返家的成員們到齊後，才共同掛上裝飾品。這些聖誕飾品經常充滿著歷史意義，也許是父母當年結婚時收到的紀念禮物、爺爺以老家院子裡掉落松果製成的掛飾、孩子的彩繪吊卡，甚至是自己幼童時期手刻的木雕，上面以歪歪扭扭的字跡塗著名字……這些獨一無二的聖誕樹飾品世代相傳，被細心收藏在盒中，僅於每年聖誕時節開箱取出，卻也同時開啟了珍貴的回憶門閥，一枚飾品述說著一個故事。

步驟 1：布置樹燈

　　閃耀著熠熠光芒的聖誕樹，是屋內美麗的浪漫夜景。使用古典黃光燈泡能營造傳統的燭光效果，閃亮的白光燈泡則宛如夜空銀河的點點星光。挑選燈串時，也別忽略電線的顏色！採用與聖誕樹枝葉相近的色彩，才容易深藏不露。燈串的數量可依「每吋樹高約使用一百顆燈泡」來預估，例如 7 吋高的樹約需七串一百顆的基本燈飾，再依喜好增減。懸掛燈串時，按照「由樹枝內向外、由樹木底到頂」環繞的小技巧，便能輕鬆營造深邃而立體的暖暖光芒。

① 將聖誕樹分層，每一層選出幾大主要枝幹。

② 由最底層的一主枝幹開始，將燈串由枝幹「內側往外側」纏繞至樹梢，再往內繞回枝幹處。接續往同一層的相鄰主枝幹纏繞，重複步驟。

③ 環繞完同層所有的主枝幹後，將燈串順勢往上一層的臨近主枝幹環繞，重複步驟直到樹頂。

步驟 2：懸掛飾品

　　掌握「先大後小、分量平均、色彩間隔」的原則。首先，挑選出大型的彩球和飾品，依顏色、重量，平均散掛於聖誕樹各層。接著，相間填入小型飾品。最後將具有特殊意義、紀念性的裝飾，掛在聖誕樹正面、中央的顯眼位置，達到畫龍點睛的效果。

步驟 3：鋪設樹裙

　　為聖誕樹底部鋪置一層圓形群毯，不但能營造溫暖的視覺感受、舒適的腳底觸覺，還能巧妙遮掩基座與電線，更方便清理掉落的針葉。選擇柔軟雪白，或是自然溫潤的素底花邊樹裙，能降低繚亂的視覺負擔，突顯聖誕樹上的裝飾和禮物。

　　在聖誕市集看到蜘蛛與蜘蛛網掛飾？別誤認為是萬聖節後忘記封箱的存貨！對烏克蘭家庭而言，蜘蛛網是聖誕樹的幸運裝飾，源自家喻戶曉的傳說：從前，烏克蘭小村莊裡住著一戶貧苦的單親家庭。某天一顆松果由窗外掉進屋裡，在屋內生長成聖誕樹，孩子們興奮地計畫該如何裝飾這棵從天而降的小樹，最終卻因為實在太窮困而無法實現。平安夜晚，當孩子們難過地入睡後，蜘蛛在聖誕樹四周神奇的結了許多絲網。蜘蛛絲在隔日早晨陽光的照射下，瞬間轉變為華麗的金絲與銀絲，實現了孩童的心願。

手作：聖誕尤加利木棉花圈

材料

8 吋圓形葡萄藤圈	乾燥木棉花 1 支	花藝鐵絲
綠色圓葉尤加利 1 束	雪花片吊飾／鈴鐺 1 個	熱熔膠槍
紅色圓葉尤加利 1 束	白色銀蔥飾條	工具鉗

步驟

① 將尤加利枝葉條以工具鉗剪成各約 10 ～ 15 公分的小段，紅、綠枝葉各約 30 段。

② 觀察葡萄藤圈，依據藤圈的平衡重心決定懸掛支點，以花藝鐵絲在該處綁圈標記。在裝飾花圈時，以支點為花圈的正上方來進行花材構圖。

③ 從支點開始，以順時鐘方向將葡萄藤圈均分出六個區間，用花藝鐵絲在各區段交界處做標記。花圈的每一區間將由同色的尤加利枝葉組成，各區間與相鄰區間的顏色交錯，依次為：紅、綠、紅、綠、紅、綠。

④ 取 10 枝同色的尤加利葉段，一次一枝，將枝葉底端安插入藤圈的第一區間內，並以熱熔膠槍固定。安插枝葉時，使其朝同一方向自然展開，每一枝葉不需要修剪成同等高度，讓枝葉高低起伏、前後錯落，堆疊出自然的效果。完成一顏色區間後，順時鐘繼續安插相鄰一區間的另一色尤加利葉段。重複此步驟直到六個區間皆完成。

⑤ 將花圈的懸掛支點置於手指上舉起，檢視花圈的整體平衡感與視覺均衡度。如有需要，可以更多尤加利枝葉條進行局部補強，直到花圈呈現圓潤、均衡的外型。

⑥ 以白色銀蔥飾條，環狀纏繞花圈，最後在花圈背面打結固定。

⑦ 剪下數顆木棉花球，點綴在花圈間，以熱熔膠槍固定在葡萄藤圈而非葉片上。

⑧ 最後，將雪花片或鈴鐺吊飾固定於花圈的懸掛支點下方。

> 尤加利花圈能長時間散發自然的草木清香，布置期長達一整季。期間不需噴水，讓葉片慢慢風乾，乾燥後的尤加利葉色澤將轉趨灰淡，卻更添一份冬日的蕭瑟風情。避免將花圈曝曬於強烈日光下，導致葉片出油而沾染色澤於背景門牆上。

手作：聖誕雪景球

40 年代，美國著名演員賓克勞斯比（Bing Crosby）的一曲《白色聖誕節》（White Christmas）唱起鄉愁，更詮釋出許多人心目中的聖誕白雪情懷，盼望平安夜裡雪花飄落，迎接白雪皚皚的銀色早晨。雪地裡的聖誕成了浪漫的代名詞，卻於眾多低緯度的城市中可遇而不可求，即便如此，人們喜歡於窗檯擺上一顆顆聖誕玻璃雪景球，彌補對「白色聖誕」的想望。

材料

透明廣口瓶	純甘油	環氧樹脂膠
微型聖誕樹	蒸餾水	水性壓克力漆
微型麋鹿、雪兔、聖誕老人等裝飾	大、小亮片	

步驟

① 將廣口透明瓶的內外擦拭乾淨。

② 使用刷筆，將水性壓克力漆均勻塗色在瓶蓋。可使用紅、白、銀或金色，搭配聖誕節氣氛。將塗色完成的瓶蓋靜置於通風處，待其完全乾燥，視色澤均勻度，可再上第二、三層塗漆。

③ 塗漆乾燥後，使用環氧樹脂膠，將微型造景與動物等裝飾，黏貼於瓶蓋內側，靜置乾燥。

④ 將玻璃瓶內倒入蒸餾水至九分滿，加入甘油十滴、亮片適量。

⑤ 緩慢地將玻璃瓶內再加入蒸餾水至十分滿。

⑥ 將黏貼好微型造景的瓶蓋，小心倒置入玻璃瓶中，鎖緊密封。

⑦ 最後將玻璃瓶輕輕搖晃、翻轉置放，即成獨一無二的手作雪景球。

① 純甘油能作為亮片在水中漂浮的緩衝劑，創造出緩緩飄雪的效果，在一般藥局皆可購得。

② 顆粒較大的亮片能讓雪景動態明顯持久、顆粒較小的亮片則具細緻質感，混搭效果最好。

③ 封蓋前，將蒸餾水補增至飽和狀態的用意為減少雪景球內之氣泡量，但也因此在鎖瓶蓋的過程中會有液體溢出的情況，此步驟建議在水槽處進行。

Note

Christmas Recipes
聖誕節料理

 Beef Wellington
威靈頓牛排

食材

蘑菇餡：
蘑菇 400 公克
紅蔥頭 1 顆
栗子 3 顆
百里香 3 梗
鹽少許
黑胡椒少許

牛排：
牛腰肉 1 塊，約 400 公克
橄欖油 2 湯匙
第戎芥末醬 3/4 杯
鹽 1 茶匙
黑胡椒 1/2 茶匙

帕爾瑪火腿 10 片
酥皮 1 大張
蛋黃 1 顆
牛奶 1 湯匙

作法

蘑菇餡：
1 蘑菇切片、紅蔥頭切塊、栗子切半、百里香洗淨後取葉，一同放入食物調理機中均勻絞碎。
2 少量橄欖油熱鍋後，放入蘑菇碎泥。撒入少許鹽、黑胡椒調味，以中火煮至水分收乾，約 10 分鐘。
3 舀出蘑菇餡，放涼備用。

牛排：
1 將牛腰肉於室溫下回溫後，以廚房用紙巾拍乾，均勻抹上鹽、黑胡椒。
2 在乾淨的平底鍋中加入橄欖油，熱鍋後放入牛腰肉，將每一面牛腰肉於熱油中各煎烤約 15 秒後翻面。輪流 2 次，此時牛腰肉外層轉深棕色、裡層仍為生肉，即可取出。
3 趁熱刷上第戎芥末醬，於餐盤上置涼。

組合：

① 在乾淨的平臺橫鋪一大張保鮮膜。

② 將 5 片帕爾瑪火腿，直向由左至右，交疊平鋪在保鮮膜上。

③ 在牛腰肉塊的頂面均勻塗抹一層蘑菇餡。蘑菇餡面朝下，將牛腰肉橫向置中在鋪好的帕爾瑪火腿上。

④ 在牛腰肉的其餘表面均勻塗上蘑菇餡。

⑤ 取另外 5 片帕爾瑪火腿，同樣以直向、由左至右交疊覆蓋於牛腰肉上。

⑥ 拉起保鮮膜，將整塊牛腰肉緊緊包起密封，置入冰箱冷藏 30 分鐘。

⑦ 烤箱預熱 200℃。

⑧ 在乾淨的平臺鋪上一大張保鮮膜，將酥皮攤置開。取出冷藏的牛腰肉，置中在酥皮上。

⑨ 用酥皮將牛腰肉捲緊包覆，捏合收邊、折至底部。

⑩ 拉起保鮮膜，同樣捲緊密封，置入冰箱冷藏 10 分鐘。

⑪ 打散蛋黃，加入牛奶均勻混合。薄薄一層刷上酥皮。

⑫ 置入烤箱中層，烘烤 40 ～ 45 分鐘，或者至溫度計插入牛排中央深處達 57 ～ 66℃（五分至七分熟）。

⑬ 取出後靜置 10 ～ 15 分鐘，讓牛腰肉內部吸附飽滿的肉汁，切開趁熱享用。

Roast Chicken with Citrus and Lemon

香橘檸檬烤全雞

食材

全雞 1 隻，約 2 公斤	室溫奶油 6 湯匙	紅蘿蔔 3 支
檸檬 1 顆	百里香葉 2 把	芹菜 6 梗
橘子 2 顆	小茴香 1 茶匙	紅蔥頭 3 顆
洋蔥 1 顆	平葉香芹 2 把	粗鹽 1 湯匙
蒜頭 4 瓣	奶油 4 湯匙	磨研黑胡椒 1/2 茶匙

作法

1. 烤箱預熱 220℃。
2. 紅蘿蔔切塊、芹菜切塊、洋蔥切大塊、紅蔥頭切粗片。
3. 百里香葉 1 把切末、平葉香芹 1 把切末、蒜頭切末。
4. 橘子洗淨、切半。檸檬洗淨後取皮屑、切半。
5. 取 4 湯匙奶油、粗鹽、黑胡椒、百里香葉末、平葉香芹末、小茴香、檸檬皮屑攪拌混合成香料抹醬。
6. 融化剩餘 2 湯匙奶油。
7. 全雞內外沖淨，以廚房用紙巾拍乾。
8. 以手指取香料抹醬，均勻塗抹於雞皮與雞胸肉之間、全雞外側，以及胸腔內側。
9. 將橘子 1 顆、檸檬 1/2 顆，塞入雞胸腔中，切面朝外。
10. 塞入 1/2 份洋蔥塊、1 把百里香葉、1 把平葉香芹葉。
11. 以棉線將雞大腿靠緊雞身交叉綁緊、打結固定。
12. 烤盤底部塗抹少許奶油，將綁好的全雞，雞胸肉朝上置於烤盤中央。
13. 放入烤箱，以 220℃，烘烤 15 分鐘。
14. 調降溫度至 190℃，烘烤 45 分鐘。
15. 取出烤盤，快速將預留的 1 顆橘子擠出橘子汁，均勻淋在全雞上。刷上一層融化奶油。
16. 於烤盤內放入芹菜、紅蘿蔔、紅蔥頭、預留的另外 1/2 份洋蔥塊。
17. 將剩餘的融化奶油均勻淋在蔬菜上。

⓲ 蓋上錫箔紙,繼續烘烤至溫度計插入大腿深部達 75℃、雞胸肉深部溫度達 80℃,約 15 ～ 20 分鐘。

⓳ 取出,將烤雞和蔬菜擺盤後,蓋上錫箔紙靜置 15 分鐘,讓肉汁回縮後,趁溫熱享用 汁液飽滿的鮮嫩烤雞。

Sautéed Kale and Tomatos

茄汁蒜香羽衣甘藍

原產於地中海北岸的羽衣甘藍，因富含維生素 K、維生素 A、維生素 C、鈣、硫、膳食纖維等，營養價值極高而卡路里低，近年成為歐美家庭熱門的「超級蔬菜」。加入微微酸甜的新鮮牛番茄拌炒，就能巧妙平衡羽衣甘藍的苦味。

食材

羽衣甘藍 1 顆

蒜頭 3 瓣

紅蔥頭 1 顆

牛番茄 1 顆

奶油 1 湯匙

鹽 1/4 茶匙

帕馬森起司少許

黑胡椒 1/4 茶匙

作法

① 用手將羽衣甘藍葉片從粗梗上剝下、撕成小片，以清水沖淨。

② 將蒜頭切末、紅蔥頭切片、牛番茄切塊。

③ 小火溫鍋後放入奶油，用木劃推劃奶油使其均勻塗抹於鍋底，慢慢融化。

④ 加入紅蔥頭、蒜末，中火拌炒至紅蔥頭變軟、蒜末炒香。

⑤ 加入牛番茄，拌炒至番茄變軟、燒出湯汁。

⑥ 加入羽衣甘藍、鹽、黑胡椒，翻炒混合。

⑦ 蓋上鍋蓋悶燒，讓葉片軟化，約 2 分鐘。

⑧ 開蓋，轉大火快速翻炒至收汁。

⑨ 盛盤，撒上現磨帕馬森起司。

Mulled Wine

熱香料紅酒

中古世紀，熱愛紅酒的羅馬人將次級葡萄酒混入數種香草植物，調味加熱後熬成熱飲，作為寒冬臘月中的保暖飲品。流傳至今日，熱香料紅酒不僅成為歐洲國家聖誕市集裡必備的傳統節慶飲料，在英國、德國、北歐家庭中，更有各自的家傳熬煮配方。餐後睡前捧杯熱香料紅酒，不僅熱盈掌心、更暖上心頭。

食材

紅酒 1 瓶
波本威士忌 1/2 杯
蘋果汁 4 杯
蜂蜜 1/4 杯
柑橘 2 顆
八角 3 顆

丁香 8 顆
肉桂 2 條
肉桂粉 1/2 茶匙
薑末 1/2 茶匙
肉豆蔻 1 顆

作法

1. 取乾淨的不鏽鋼湯鍋，加入蘋果汁、紅酒 1/2 瓶、丁香、八角、肉桂、肉桂粉、薑末。
2. 將柑橘表皮洗淨，取一顆皮屑後榨汁、另一顆對切成半。將柑橘皮屑、柑橘汁、兩半柑橘加入湯鍋中。
3. 將肉豆蔻敲碎，加入鍋中。
4. 以中火煮至湯汁冒出蒸氣但尚未沸騰，調成小火。
5. 加入蜂蜜，攪拌溶解後，蓋上鍋蓋悶煮 30 分鐘。
6. 加入剩餘 1/2 瓶紅酒、波本威士忌，小火繼續悶煮 5 分鐘即可。
7. 趁熱，以網篩過濾至杯中飲用。

Eggnog
甜蛋酒

這款融合熱牛奶、蛋液、香料與烈酒製成的香甜酒，在英國文學小說裡被稱為「地獄天使」（Hell's Angel），最早可追溯至中世紀歐洲的治感冒祕方，人們在熱牛奶中調和烈酒飲用，以減緩輕微的感冒不適，幫助睡眠。隨著配方的演進，英國貴族與富豪在熱牛奶裡搭配香料、摻入昂貴的白蘭地或雪莉酒，成為上流社交派對中的熱門冬季飲品。甜蛋酒在十八世紀時隨著貿易與殖民傳入北美洲，香甜濃郁的甜酒滋味頓時風靡美國與加拿大，在感恩節至聖誕節期間常見用來歡飲作樂，也被添加入咖啡、紅茶、甜點與冰淇淋中調味食用。

食材

蛋黃 4 顆
白糖 1/3 杯
全脂鮮奶 2 杯
鮮奶油 1 杯
波本威士忌 6 湯匙
肉豆蔻粉 1 茶匙
肉桂粉少許

作法

① 將蛋黃放入乾淨的攪拌盆內，以電動攪拌器，設定中速均勻打散。
② 分批次加入白糖，攪拌溶解，至整體液體顏色稍微變淺，但不要打發。
③ 準備一湯鍋，加入鮮奶、鮮奶油、波本威士忌、肉豆蔻粉。
④ 將蛋黃液加入鍋中，中火加熱至 70℃立即關火，加熱期間需不時攪拌（蛋液超過 70℃後將開始凝結，因此加熱時需十分留意，避免過熱）。
⑤ 以網篩過濾，將蛋酒倒入玻璃壺，置入冰箱冷藏。
⑥ 飲用時，可依喜好撒上些許肉桂粉或肉豆蔻粉享用。

Rum & Bourbon-Soaked Fruit Cake

酒漬乾果蛋糕

食材

中筋麵粉 1 又 1/2 杯　　　波本威士忌 1/4 杯　　　蘇打粉 1 茶匙

綜合乾果 1 又 1/2 杯　　　蘋果汁 1 杯　　　　　　鹽 1/4 茶匙

綜合堅果 1/2 杯　　　　　黑糖 1/4 杯　　　　　　肉桂粉 1 茶匙

奶油 1/2 杯　　　　　　　香草精 1/4 茶匙　　　　薑粉 1/2 茶匙

黑蘭姆酒 3/4 杯　　　　　泡打粉 1/2 茶匙　　　　雞蛋 2 顆

作法

❶ 在乾淨的玻璃容器內,放入葡萄乾、藍莓乾、櫻桃乾等乾果類,以及堅果、黑蘭姆酒、波本威士忌,密封浸泡 24 ～ 48 小時。

❷ 烤箱預熱 165℃。

❸ 將烤模的底部與內緣抹上薄薄一層奶油。

❹ 奶油切成小塊。

❺ 取乾淨的湯鍋,倒入浸泡後的乾果、堅果與剩餘的酒漬,加入奶油塊、黑糖、蘋果汁、肉桂粉、薑粉、香草精。以中火煮滾後轉小火,加蓋悶煮 5 分鐘。

❻ 倒入乾淨的攪拌盆中,於室溫置涼。

❼ 篩入中筋麵粉、鹽、蘇打粉、泡打粉,以矽膠刮刀攪拌至無粉狀殘留。

❽ 一次一顆,加入雞蛋,攪拌至均勻混合。

❾ 將麵糊緩緩倒入烤模中,烘烤 40 ～ 45 分鐘,或是至牙籤插入取出無麵糊殘留。

❿ 趁熱刷上薄薄一層波本威士忌,連同烤模包上一層錫箔紙,在室溫下靜置到完全冷卻。

⓫ 將蛋糕脫模,緊密包上保鮮膜,再放入密封的容器中,置入冰箱冷藏。

⓬ 隔三天後取出,再度刷上一層波本威士忌,重新密封後放回冷藏。

⓭ 食用前取出,或是依喜好重複上述步驟,繼續酒漬 2 ～ 4 星期。

Natalia Kirichenko/Shutterstock

Easter

復活節

Resurrection of Jesus Christ

耶穌受難與復活奇蹟

　　於萬象復甦、陽光明媚的春分時節展開，復活節，是歐美最富宗教色彩的西洋節慶。《新約聖經》裡，耶穌基督與十二使徒在西元 33 年來到耶路撒冷慶祝猶太逾越節（Passover），卻遭門徒猶大背叛而被羅馬祭司逮捕，最終在十字架上受釘刑處死。故事中，耶穌基督於受處決後的第三天早晨死而復生，這天為星期日。復活節的確切日期，在各地教會裡爭論了超過一世紀，直到西元 325 年，信仰基督教的羅馬帝國皇帝——君士坦丁一世（Constantinus I Magnus）在尼西亞召開第一次基督教大公會議，才將復活節統一於每年「春分月圓後的第一個星期日」舉行。

　　然而，每年春分月圓的日期略有差異，不同基督教派更因為採用的曆法而有計算上的差別。在使用新格里曆（Gregorian Calendar）的多數歐美國家中，復活節大約落在每年 3 月 22 日至 4 月 25 日之間；而歸屬東正教會的巴爾幹半島、東歐與西亞等國家，教會沿用古羅馬時期的舊儒略曆（Julian Calendar），因此復活節日期稍晚，約莫在 4 月 4 日至 5 月 8 日期間。

　　復活節對於虔誠的基督教徒而言，不僅是一日的慶典，更是為期 40 天的大齋期（Lent），以禁食、簡約生活等行為，緬懷耶穌基督當年所受的苦難。大齋期在復活節周日的前三天進入高潮，稱為「逾越三日慶典」（Easter Triduum），包括以聖餐禮或洗腳禮來重現耶穌基督與十二使徒「最後的晚餐」的濯足周四、追悼受難日的禁食周五，以及聖周六入夜後的燭光禮與守夜彌撒，來迎接耶穌基督的復生。

Kzenon/Shutterstock

神話女神伊絲特

　　復活節的英文——Easter，字源於古英語「Ēostre」與古高地德語裡的「Ostara」。在古歐洲盎格魯薩克遜民族的神話裡，「Ēostre」（中譯：伊絲特）為帶來光明的拂曉女神。英國史學家比德（Bede）和德國法學家雅格布格林（Jacob Grimm）分別在《編年史》（The Reckoning of Time）與《德意志神話》（Deutsche Mythologie）著作中雙雙記載：古盎格魯薩克遜人將4月份敬稱為「伊絲特月」（Ēastermōnaþ），擺設豐盛宴席、點燃營火，以迎接拂曉女神從天堂降臨，並以象徵豐產的野兔來進行祭祀，感謝女神伊絲特為大地帶來生機、豐饒與歡樂。

　　不論節慶名稱、慶典時節、象徵意涵，甚或代表動物……基督教「復活節」與古盎格魯薩克遜民族的「伊絲特月」巧合眾多。包括比德與格林在內的學者們認為，基督教信仰早期發展時，巧妙融合了古歐洲民族的神話傳統，衍生出復活節的習俗。不論究竟是巧合抑或融合，在現代歐美孩童的心目中，復活節與彩蛋、糖果、兔寶寶、草地遊戲畫上等號，春意盎然、歡樂無窮。

Celebrating Easter
復活節傳統

Wear Something New
穿戴一新

　　在復活節穿新衣、戴新帽的傳統，可追溯至羅馬帝國時期。羅馬皇帝君士坦丁大帝（Constantinus I Magnus）規定皇室成員與朝臣，在復活節星期日的早晨必須身著個人最好的嶄新服裝，才能進入宮廷參與禮拜。十六世紀，「穿戴一新」已成為歐洲普遍的復活節民間習俗，由文藝復興時期威廉莎士比亞（William Shakespeare）的經典名劇《羅密歐與茱麗葉》中便可一窺究竟！劇中第三幕首場，羅密歐的摯友莫古修（Mercutio）與表哥班福里歐（Benvolio），在義大利維洛那廣場上爭吵時怒吼：「想當初你跟某位裁縫師大吵，只因為他在復活節前就穿起了新背心。還有一次更是因為看到有人用舊鞋帶繫新鞋子就發飆生氣！而你現在卻指責我脾氣不好？」

　　十九世紀，此一習俗更演變成「若是未在復活節周日穿戴至少一樣新東西，便會帶來厄運」的民間迷信。因此，即便是負擔不起整套新衣物的窮苦人家，也會想盡辦法繫上一條新的鞋帶，或是打上一個新的領結。有趣的是，復活節也成了中世紀歐洲男子告白的熱門時機，未婚的年輕男子於復活節前夕，將新手套贈送給心儀的對象，收到禮物的女孩若是在隔天早晨戴著手套上街，便表示默許了男子的追求。

　　時至今日，歐美家庭習慣在復活節時換穿明亮色彩的春季新衣、腳踏新履，來彰顯除舊布新，以及對新生活的樂觀期許。眾多城市更固定於復活節早晨舉辦盛大的復活節遊行，參與的民眾費心裝扮，戴上創意百出、爭奇鬥豔的誇張帽飾，場面熱鬧又逗趣。

Easter Eggs Worldwide

復活節彩蛋的世界文化

　　復活節彩蛋由中世紀開始逐漸在歐洲相襲成俗。於英國國王愛德華一世 1290 年的帳簿中，便記載著王室當年購買 450 顆雞蛋來繪製彩蛋，於復活節贈予王親貴族的紀錄。歷年來，不同的民族各自擁有獨具特色的彩蛋文化，例如歷史悠久的「希臘紅蛋」，便是希臘家庭使用甜菜根、黃洋蔥皮，浸煮染製的血紅色彩蛋，用來象徵耶穌基督的鮮血染紅了聖墓。希臘紅蛋通常在濯足周四的晚間製作，於復活節周日擺上餐桌。用餐前，每人挑選一顆紅彩蛋，輪流用蛋的尖端相互撞擊（Egg Shackling），彩蛋沒破者可繼續挑戰下一位彩蛋持有者，直到遊戲終了，持有最後一顆完整彩蛋者，據稱在新的一年將好運連連。

Subbotina Anna/Shutterstock

位於希臘北邊的斯拉夫民族——現今的烏克蘭、波蘭、克羅埃西亞等中歐與東歐國家，則傳承著精緻複雜的「蠟染彩蛋」（Pysanky）。烏克蘭語意為「寫上」，蠟染彩蛋使用融化的蜜蠟，封住蛋殼上的毛細孔，阻止染料滲透，得以在浸染後區隔出線條色塊。彩蛋的製作過程繁複又耗時，首先需將蜂蠟置入傳統滴蠟筆（Kistka）的尖管漏勺中加熱，把融化後的熱蠟油，在蛋殼外分次描繪出線條和圖形，再一次次浸泡於不同顏色的染料中。最後，融除蛋殼上的蜜蠟，顯現各分層的色彩與圖樣，成為獨樹一格的手工藝品。

　　蠟染彩蛋上的豐富圖騰，除了深具藝術性，更透露出古斯拉夫民族的民間迷信，例如：八角星代表太陽與生命、螺旋圖案能困住惡靈、延綿不斷的線條以祈求永生、植物輪廓帶來智慧與豐產、花朵流露愛與關懷、麋鹿代表繁榮興旺，而公雞象徵財富與力量。習俗上，烏克蘭人將製作好的彩蛋，在復活節早晨帶到教堂裡接受祝福，彌撒結束後當作禮物贈送給親朋好友。一般而言，贈與長者的彩蛋繪有較豐富的圖騰、搭配深底色以示尊敬；贈送給年輕人的彩蛋則多清爽明亮，表達對青年未來的無限祝福。

同樣以圖騰彩蛋文化著稱，奧地利、愛沙尼亞，以及拉脫維亞的家庭傳統為製作「花草轉印蛋」。隨處蒐集大自然中的蕨類植葉、花瓣片，以紗網固定於蛋殼表面，與洋蔥皮一同入水沸煮，便能將美麗的花草輪廓，寫實柔和地轉印在彩蛋上。

　　「空心彩蛋」則由日耳曼民族首創。在德國、瑞典、挪威等國家，民眾在生雞蛋的兩端各鑽上一個小圓孔，將蛋液由一端朝另一端吹出，此過程稱為「吹蛋」。蛋殼洗淨晾乾後，才使用畫筆彩繪，或是浸泡染製的方式，進行蛋殼裝飾。最後，以彩色緞帶穿過蛋的兩端圓孔、打上蝴蝶結固定，懸掛於庭院的樹梢上，便成為色彩繽紛的「復活節樹」。話說德國薩費爾德（Saalfelder）小鎮上，便有棵遠近馳名的復活節樹。白髮蒼蒼的克拉福特夫妻（Volker & Christa Kraft）自 1965 年的復活節開始，每年在庭院的蘋果樹，掛上精心收藏的各式彩蛋。隨著蘋果樹的壯大，樹上的彩蛋數量由第一年的 18 顆，逐年增加至今多達上萬顆！需耗費克拉福特夫妻兩周的時間，才能完成所有彩蛋的懸掛布置。這棵琳瑯滿目的復活節大樹，於是成為薩費爾德小鎮的稀有節慶景點，吸引遊客駐足觀賞。

　　世界最昂貴的復活節彩蛋，莫過於俄國羅曼諾夫王朝時期，以珍貴金屬、寶石和琺瑯鑲造而成的「法貝熱彩蛋」（Fabergé Eggs）。1885 年，沙皇亞歷山大三世想給瑪麗亞皇后一個復活節驚喜，便委託珠寶工匠彼得法貝熱（Peter Carl Fabergé）製作一枚舉世無雙的珠寶復活節蛋，名為「母雞蛋」（Hen Egg）——擁有白淨無瑕的搪瓷外殼，琺瑯內包覆著一顆黃金卵黃，卵黃中孕著一隻華美的金雕母雞。打開金母雞，內藏一只由鑽石琢磨而成的皇冠，上頭懸著一顆紅寶石蛋。這顆精緻華美的珠寶金雞蛋不僅讓瑪麗亞皇后驚喜連連，也讓彼得法貝熱從此成為俄國皇室的御用珠寶師，每年為沙皇製作復活節彩蛋。1885 年至 1917 年俄國大革命爆發前，彼得法貝熱共製作了 69 顆珠寶復活節彩蛋，成為聞名遐邇、深具歷史價值的藝術珍品，分藏於世界各地的博物館中。

AndrewPoison

Easter Egg Games

彩蛋遊戲

彩蛋尋寶

　　復活節早晨由一連串的歡樂遊戲展開！最經典的，莫過於孩童引頸期盼的「彩蛋尋寶」遊戲（Easter Egg Hunt）。尋找復活節彩蛋的習俗，可追溯至十六世紀的德意志地區。基督教路德教派傳說，神聖的小野兔會在復活節周日的破曉前，躍過家家戶戶，給乖巧的孩子留下一顆顆驚奇彩蛋。歐美家庭的父母們便煞費苦心特地早起，趁孩童們仍熟睡時，悄悄地在花園草地、屋內角落，藏匿裝滿糖果的彩蛋。「彩蛋尋寶」有多種不同的創意變化，通常以達成特殊目標為主，例如：限時內找到最多顆彩蛋、按照彩蛋色彩計分、搜集指定顏色，或是尋找內含特殊寶物的彩蛋等……孩童們玩了多遍也不厭倦。

擲蛋

　　「擲蛋」（Egg Tossing）是復活節熱門的團體競賽型遊戲。參賽者以兩人為一組，面對面分別站在場地的兩端，形成相隔約 1 公尺的兩列隊。其中一列的參賽者各手持一顆生雞蛋，遊戲開始，持蛋的一方將蛋以拋物線丟給對面的夥伴，對方必須在接住蛋後回擲。若雙方皆能成功接住蛋且無破裂，則互相各後退一大步，繼續進行下一輪的擲接，重複至雞蛋不慎砸落或破裂為止。最後，能在相隔距離最遠成功擲接雞蛋的小組獲勝。擲蛋遊戲的困難度隨著距離的增加而越添驚險，遊戲參與者一方面想達成最遠距離的紀錄，卻同時得擔心丟擲距離越遠、蛋將越容易破得更慘烈，而矛盾萬分。

> 　　若是詢問美國孩童：最喜歡復活節的什麼？「吃不完的糖果」會是排行榜上的常客。在美國，復活節可說是第二大「糖果日」，僅次於萬聖節。根據統計，美國商店每年於復活節期間約可售出 9 千萬隻巧克力兔寶寶、7 億隻棉花糖小雞，以及 160 億顆 Jellybeans 彩色蛋形軟糖！對於許多孩童來說，這天糖果除了吃不完，更棒的是還可以「光明正大地吃」。即便是嚴格的父母也會難得破例，讓孩子們能擁有無憂無慮的復活節體驗。Note

蛋舞

另一個於歐洲源遠流傳的復活節遊戲則是「蛋舞」（Egg Dance）。年輕人將成打的彩蛋散列於地板上，手牽手、踮著腳尖，在間隙中隨音樂起舞跳躍，而且不能踏破任何一顆蛋。該遊戲的困難度可由德國的一句俗語：「事情難得就像跳蛋舞一樣。」（It's like the egg dance.）深刻體會，也因此成為情侶默契大考驗的熱門遊戲。歷史上最著名的「蛋舞」發生於 1498 年，義大利薩伏伊王朝費爾伯特公爵（Philibert of Savoy）與奧地利公主瑪格麗特（Margaret of Austria）在復活節的舞會中，接受眾人起鬨，牽手於一百顆雞蛋散布的舞池裡優雅起舞。兩人不久後宣告訂婚，此次的蛋舞便被公認為兩人的定情之舞。

彩蛋賽跑

由傳統的滾彩蛋衍生而來，「彩蛋賽跑」（Egg-and-spoon Race）是另一項老少皆宜的復活節遊戲。大夥各拿著一支湯匙排成列，湯匙內放上一顆彩蛋，僅以單手握湯匙柄，快速競跑向終點。彩蛋若在途中不慎掉落，該名跑者必須停下腳步，待將彩蛋撿回、重置入湯匙後才能繼續前進。若想增加遊戲的困難度，還可改以「口含湯匙」的方式競跑，或是以接力賽形式進行團隊考驗。參與遊戲的跑者在快步向前的同時，得極力保持平衡以防彩蛋掉落，往往造成肢體動作誇張又滑稽，增添了遊戲的趣味性。

不是玩笑，「彩蛋賽跑」竟然還有金氏世界紀錄！截至今日，世界最快的百米手持湯匙彩蛋賽跑為 19.39 秒、百米口含湯匙彩蛋賽跑為 25.13 秒，皆由美國人艾許利塔費曼（Ashrita Furman）創下。大家來挑戰看看能否打破金氏世界紀錄吧！

Note

Kzenon/Shutterstock

滾彩蛋

　　「滾彩蛋」（Egg Rolling 或稱 Pace Egging）為英國盛行的傳統，通常在復活節周一舉行。孩童們將繪製好的復活節彩蛋，從山坡頂順著草地滾下，比賽誰的彩蛋能夠滾得最遠且完整不破。歷史悠久的滾彩蛋地點包括蘇格蘭愛丁堡聖十字公園（Holyrood Park）頂的亞瑟王座山（Arthur's Seat）、英格蘭西北部彭里斯鎮（Penrith）的城堡護城河草坡，以及約克郡里彭市（Ripon）的清水修道院（Fountains Abbey），每年吸引眾多家長帶著孩童們前來滾蛋玩耍、欣賞美麗的古蹟風光。

　　來到美國，滾彩蛋遊戲成為白宮於每年復活節的重要慶祝活動。最早由前第一夫人多莉麥迪遜（Dolley Madison）於 1814 年在國會大廈的草地上舉辦，隨後移至白宮南邊草坪舉行，形成總統及第一家庭成員，與華府民眾同歡的親民活動。異於英國的山坡滾蛋傳統，白宮草坪因為地勢平緩，孩童們需手持長柄湯勺，在遊戲哨音響起後，以最快速度將彩蛋從草坪的一端滾至另一端終點線。

MN Studio/Shutterstock

Memories of Easter

復活節回憶

Jenna ╱ 文化：加拿大、烏克蘭

　　對我而言，復活節代表「與家人相處的快樂時光」，不只是直系親屬，還包括旁系親屬。印象最深刻的一年是我們前往阿姨與叔叔的農場過節，那天幾乎我所有的表兄妹也都來了，總共 11 個小孩。大人讓我們在農場的房子、森林、大草原裡進行了一次超大型的復活節彩蛋尋寶遊戲，有太多色彩繽紛的彩蛋，裡面裝著滿滿的巧克力和糖果。能隨意亂跑又有超多甜食可以吃，令我們興奮極了。

　　「彩蛋製作」和「彩蛋尋寶」，是我們復活節不可或缺的傳統。傳說中的「復活節兔寶寶」在周日我們起床以前就已經悄悄來過（爸媽說，牠大約是在周六半夜到周日凌晨抵達的），牠將彩虹般的復活節蛋藏匿在房屋和院子四處，還貼心地在我們房間裡留下一只籃子，讓我們一起床就可以馬上去尋找彩蛋。有時候，籃子裡會有驚喜的禮物，例如新玩具、新衣服，或是大型的兔寶寶巧克力。

　　每年復活節我都會獲得新的春天洋裝和鞋子。尋找完兔寶寶留下的彩蛋後，大家換上新衣服和新鞋，一起前往教會進行晨間彌撒。下午，全家人來到親戚家參加派對，這時通常會有第二輪的復活節彩蛋尋寶。晚餐後，我們會拿吃不完的水煮蛋玩撞擊遊戲：每個人手拿一顆蛋在位置上坐好，接著將蛋推滾向對方的蛋，讓它們撞在一起。水煮蛋裂得最慘的那個人就輸了，必須吃掉那顆蛋。

　　我的家庭有波蘭／烏克蘭的血統，因此在復活節前的周五（Good Friday）我們通常吃魚不吃肉，直到復活節周日的晚餐才享用烤火腿或火雞，搭配馬鈴薯、蒸蔬菜、甜十字麵包，以及稱作「Paska」的麻花造型麵包。

Jill ／文化：英國、加拿大

　　復活節的早晨我們喜歡吃彩色的復活節蛋當作早餐，作法是將生雞蛋以滾水煮熟後，再使用食用色素彩染上不同顏色。我記得媽媽總是準備烤羊腿排，作為復活節前一晚的主食。奶奶將其稱之為「逾越節的羔羊」（The Pascal Lamb），以紀念《舊約聖經》的〈出埃及記〉裡，摩西帶領以色列人逃離埃及的故事。「上教堂」對於虔誠的基督教家庭而言，是復活節的大事，我每年都固定參加復活節周日早上8點半的晨間彌撒，接著才前往親戚家玩彩蛋尋寶遊戲。小孩們一人被分配到一個籃子，大家便瘋狂地跑來跑去，搶著尋找裝有糖果的彩蛋，越多越好。在復活節尋寶時獲得的糖果，幾乎可以跟萬聖節討糖時差不多，令人十分興奮。

Natalia Kirichenko/Shutterstock

Easter Decorations
復活節布置

Making Easter Eggs
手作：復活節彩蛋

　　邁入 3 月份，歐美超市賣場陸續陳列出琳瑯滿目的「復活節掛飾」和「彩蛋染彩工具組」，內含多種色彩的色素錠、染彩杯、握蛋器、貼紙、蠟筆、亮片粉和黏土。更有主題套裝，例如凱蒂貓、冰雪奇緣、湯瑪仕小火車、復仇者聯盟、神偷奶爸、馬戲團動物等，成為家長與學校老師們的「節慶救星」。

　　近年，越來越多家長因為憂心化學染劑對健康的影響，同時推動環保意識的家庭教育，開始引導孩童們從日常生活中取材，來製作復活節彩蛋。跳脫出套裝商品的框架外，反倒激發出孩童更無設限的創意。

　　製作手工彩蛋，可選擇「煮熟的全蛋」或「掏空的全蛋殼」作為彩蛋的基殼。「熟蛋」基殼的製作步驟簡單：將完整無破損的生雞蛋小心輕放入一鍋冷水裡，水深需覆蓋超過雞蛋約 5 公分。加入鹽 1/4 茶匙、白醋 1 茶匙，以小火慢慢煮滾。取出瀝乾，放涼後，便能用來進行染彩與裝飾。然而，熟蛋受到保鮮期的限制，裝飾期短，因此不少家庭更愛以「掏空的全蛋殼」作為彩蛋基殼，也就是源自日耳曼民族傳統的「吹蛋」技巧。首先，將生蛋內的蛋液吹空，洗淨乾燥後，再浸泡染液、進行裝飾。吹蛋製成的復活節彩蛋，能用作整個春季的居家與戶外裝飾，甚至視為手工藝品歷年珍貴收藏、重複使用。

吹蛋材料

白雞蛋

細鐵絲

鐵釘

湯匙

玻璃容器

吹蛋步驟

1. 洗淨雞蛋外殼，以廚房紙巾擦乾。

2. 拿乾淨的鐵釘，放在蛋頂中央，另一手以湯匙背面輕輕敲打鐵釘，直至鐵釘穿過蛋殼，開出一個圓形小孔。蛋殼開孔後，小心將鐵釘拔出，避免讓洞孔擴大。

3. 依照上述方式，在雞蛋的底部中央處，同樣敲開一相同大小的洞孔。

4. 將乾淨的鐵絲對折，對折處捏壓成能輕鬆穿越蛋孔的寬度。

5. 以鐵絲的對折端，小心從蛋孔穿入蛋內，緩慢四處攪動，打散蛋黃與蛋白後，取出鐵絲。

6. 沖洗並擦拭蛋孔邊緣的蛋液。用嘴巴從一蛋孔往內用力吹氣，將蛋汁全部吹出。可將吹出的蛋汁收集在一玻璃容器中，當天做料理用。

7. 將吹空的蛋殼以肥皂水洗淨、擦拭並自然風乾。

> **Note**
> 煮熟蛋時，加入少許鹽，能使蛋殼不易龜裂。加入少許白醋，則能防止蛋白溢出，成功率較高。

IndigoLT/Shutterstock

浸染復活節彩蛋的染料色素能輕鬆地從日常食材中獲得，只需將植物根莖、葉片或果實，加入清水中滾沸、悶煮數十分鐘，便能從食材萃取出環保又安全的可食用色素。

萃取食材

甜菜根切絲 1 杯──粉紅色

黃洋蔥皮 3 顆──橘色

紅洋蔥皮 3 顆──紅色

紫甘藍 1/2 顆切塊──藍色

藍莓果 1 杯──薰衣草紫色

薑黃根粉 2 湯匙──黃色

鮮打菠菜汁 1 杯──綠色

黑咖啡 1 杯──棕色

材料

湯鍋

蒸餾白醋

玻璃容器

步驟

1. 依色彩準備萃取食材，將蔬菜類切片、根莖類切小塊、莓果類輕壓碎。

2. 將食材放入各別的鍋中，加入冷水，水深蓋過食材約 3 公分。

3. 以大火煮沸後，蓋上鍋蓋轉小火繼續悶煮，直至食材中多數色素溶出水中，約 20 ～ 30 分鐘。悶煮的時間較長，溶出的色素較多、顏色較深。

4. 將煮好的染料水濾出，倒入各別的玻璃容器中。

5. 讓染料水放涼至微溫。

6. 以「1 杯染料水加入 2 茶匙蒸餾白醋」的比例混合均勻。

1. 粉狀類食材以「每 2 湯匙粉末加入 1 杯沸水」的比例沖泡均勻。液狀類食材不需要再加水煮滾，可直接使用。

2. 裝染料水的容器最好使用玻璃製品，或是拋棄式塑膠杯，以避免色素沾染。容器的口徑寬度不能過窄，否則取蛋不易。

3. 染料水中加入白醋，能讓彩蛋染色更為均勻、飽和。

Note

步驟 3

裝飾彩蛋

全蛋彩染法

材料

白蛋基殼	保麗龍板
染料液	牙籤 20 支
湯匙	

彩染步驟

① 按照「步驟 2：天然染料萃取」方式，預備各色染料液。

② 將染料液裝入寬口玻璃容器，依操作方便陳列。

③ 輕輕將白蛋基殼放入染料液中，浸泡30～60分鐘。浸泡時間越長，彩蛋的顏色越深、彩度越飽和。

④ 取一保麗龍板，每隔約 3 公分插上一支牙籤，製作成 5×4 單位的牙籤晾架。

⑤ 以湯匙撈出染色完成的彩蛋，輕置於晾架上，自然風乾。

家中若有現成的塑膠小粒狀製冰盒，取來用作彩蛋晾架最為方便！只要將彩蛋站立、排開在製冰盒的小方格上，多餘的染料液便能順勢流入方格中，清洗方便，也不怕凌亂沾染。

MNStudio/Shutterstock

花草轉印法

材料

白蛋基殼	薄絲襪
染料液	剪刀
植物葉片、花朵	湯匙

步驟

① 薄絲襪剪成小段，每分段長度需能完整包覆雞蛋並打結，約 10 公分。

② 沾溼葉片與花朵，使之能更容易貼附於蛋殼上。

③ 將葉片、花朵，鋪開貼附於蛋殼上，套上薄絲襪，緊緊包覆後將絲襪段的兩端打結固定。

④ 調整葉片、花朵的位置和造型。

⑤ 置入染料液中，浸泡 30 ～ 60 分鐘。浸泡時間越長，彩蛋的顏色越深、彩度越飽和。

⑥ 以湯匙撈出染色完成的彩蛋，放在晾架上，自然風乾。

⑦ 彩蛋乾燥後，拆解開絲襪、剝除葉片與花朵。

Olga Pink/Shutterstock

指紋壓印法

材料

白蛋基殼
彩色印泥
彩色簽字筆
棉花棒
藥用酒精

壓印時指頭難免沾染到空白蛋殼處，別緊張，只要準備幾支棉花棒，沾取少許消毒藥用酒精，或是洗手用酒精，在染色處輕輕塗擦，就能消除染色囉！

步驟

花朵壓印：

1 以乾淨的指頭沾取彩色印泥，輕輕在蛋殼上壓出五枚圍繞中心的放射狀指印。每一枚指印為一片花瓣，五片花瓣便能圍成一朵花。

2 重複上述步驟，在蛋殼上印出多朵大小不一的花。

3 靜置等候彩色印泥風乾。

4 使用彩色簽字筆，在花朵的中心彩點出圓形花蕊。

瓢蟲壓印：

1 以乾淨的指頭沾取紅色印泥，輕輕在蛋殼上壓出多枚分散、不重疊的指印，每一枚指印為瓢蟲的身軀。

2 靜置等候彩色印泥風乾。

3 使用黑色簽字筆，將每枚指印的前三分之一塗滿色彩，成為瓢蟲的頭部。

4 在瓢蟲的頭頂畫出黑色小觸鬚。

5 在其餘三分之二的紅色身軀上，畫出普普圓點，成為瓢蟲的翅膀印記。

免染勞作法

材料

白蛋基殼

印花棉紙

紙膠帶

細水彩筆

棉花棒

白膠

剪刀

鑷夾

步驟

幾何拼貼：

1️⃣ 將不同顏色、花樣的手作紙膠帶，剪出圓形、長條形、三角形等碎塊。

2️⃣ 使用鑷夾，將小紙膠片不規則地拼貼於蛋殼上。

3️⃣ 依喜好，可拼貼出馬賽克花磚、普普圓點、英式菱格等圖案，盡情發揮創意。

棉紙印花：

1️⃣ 蒐集各種花朵、可愛動物印花棉紙。

2️⃣ 將棉紙上的圖案印花，沿著邊緣剪下。剪裁時越接近圖案輪廓邊緣，黏貼後的效果越自然。

3️⃣ 取細水彩筆沾取白膠，薄薄刷在棉紙片的背面。

4️⃣ 以鑷夾，將棉紙片排放黏貼在蛋殼上。

5️⃣ 用手指輕壓，順著蛋殼弧形撫平棉紙。

6️⃣ 以棉花棒抹去溢出的多餘白膠。

7️⃣ 靜置等候白膠完全乾燥。

手作：復活節樹

　　將完成的復活節彩蛋，裝在一只有質感的沙拉木碗、派對托盤、玻璃瓶柱中，隨意鋪散或堆疊擺放，便能作為獨特又應景的中央桌飾（Centerpeice）。若擁有戶外花園、陽臺，更可將復活節彩蛋巧手轉變為掛飾，懸吊在矮灌木叢或低垂的樹梢上，成為色彩繽紛的復活節樹。居住在無戶外空間的小公寓？也可在中型花瓶內安插幾桿花藝樹枝來替代真樹，例如刷白的熊果樹枝、橘子樹枝、帶少許花苞的櫻花樹枝等，因具有較堅硬且多曲折的分枝，都很適合懸掛復活節彩蛋。

材料

空心彩蛋	細鐵絲
樹枝	鉗子
彩色緞帶	剪刀
花瓶	

步驟

① 使用鉗子，將一條鐵絲修剪為約比彩蛋高 4 倍的長度。

② 依照彩蛋的數量，同樣將數條緞帶修剪為約比彩蛋高 4 倍的長度。

③ 對折鐵絲，盡量將對折處捏近。

④ 將鐵絲的對折端，由彩蛋頂端洞孔，穿出彩蛋底端洞孔。小心不要破壞蛋殼。

⑤ 取一條緞帶，穿過鐵絲對折處後，將緞帶兩末端對齊。

⑥ 輕輕將鐵絲連同緞帶往回拉，使緞帶穿出彩蛋頂端洞孔。

⑦ 依照喜好的懸吊高度，調整彩蛋頂端緞帶環的長短。

⑧ 將彩蛋底端的緞帶打上蝴蝶結固定，修剪掉多餘的緞帶末梢。

⑨ 重複步驟 4 ～ 8，完成所有彩蛋吊飾。

⑩ 在花瓶內，平衡安插數桿樹枝。

⑪ 將復活節彩蛋分散懸吊。

Kzenon/Shutterstock

Easter Recipes
復活節料理

Orange-Brown Sugar Glazed Ham
橘香蜜汁烤火腿

烤火腿為復活節的經典料理，傳統可追溯至古羅馬時期。高盧村落民族將秋季宰殺的牲畜肉品，鹽漬後脫水保存，醃製長達八個月，正好於隔年的春分時節完成，成為復活節饗宴的最佳食材。

食材

帶皮熟火腿 450 公克	蜂蜜 1 杯	橘子 1 顆
丁香 1 湯匙	第戎芥末醬 1/4 杯	黑糖 1/4 杯
		無鹽奶油 4 湯匙

作法

① 取出冷藏的火腿，將包裝與網線拆開，於室溫下回溫半小時。

② 烤箱預熱 175℃。

③ 橘子洗淨後取皮屑、榨汁。

④ 將火腿表面切刻出間距約 3 公分的菱形切紋，切紋深度不超過 0.5 公分。

⑤ 於每個菱形切紋交叉點上插入一顆丁香。

⑥ 烤盤鋪上一層錫箔紙，將火腿置於中央。

⑦ 將奶油、黑糖、蜂蜜、芥末醬、橘子汁與皮屑放入小深鍋，以中小火加熱至濃稠，一邊攪拌使其均勻混合。

⑧ 於熟火腿表面均勻刷上兩層蜜汁醬，放入烤箱，烘烤 1 小時。

⑨ 烘烤期間，每隔 15 分鐘打開烤箱，快速刷上兩層蜜汁醬，反覆直至烘烤完成。

Herb-Roasted Cod Fillets with Potatoes

香料檸檬烤圓鱈佐馬鈴薯

食材

去骨野生鱈魚排 2 塊
馬鈴薯 2 大顆
檸檬 1 顆
蒜頭 3 瓣

百里香 3 梗
平葉香芹 4 梗
迷迭香 1 梗
橄欖油 1/4 杯

奶油 2 湯匙
黑胡椒 1/4 茶匙
鹽 1/2 茶匙

作法

醃漬鱈魚：

① 檸檬外皮洗淨，削成檸檬皮屑。

② 百里香、平葉香芹洗淨、去梗並切碎。蒜頭切末。

③ 混合橄欖油、百里香、平葉香芹、檸檬皮屑、蒜末，成香料醃醬。

④ 將鱈魚排、香料醃醬放入食物夾鏈袋中，密封冷藏 30 分鐘。

烘焙馬鈴薯片：

① 烤箱預熱 220℃。

② 洗淨馬鈴薯外皮，削成約 0.5 公分薄片。

③ 取奶油，於烤盤上均勻塗抹，將剩餘的奶油放入微波爐加熱融化。

④ 將馬鈴薯片由左至右鋪疊於烤盤上，每一片疊於前一片的右端約 1/4 處。

⑤ 均勻刷上融化後的奶油、撒上 1/4 茶匙鹽、黑胡椒，置入烤箱烘烤 20 分鐘。取出烤盤，
不要移動馬鈴薯切片，備用。

烘烤鱈魚：

① 調降烤箱溫度至 175℃。

② 取出冷藏的醃漬鱈魚排，瀝出多餘汁液，保留香料葉與蒜末於鱈魚上。

③ 將鱈魚平鋪於初步烘烤過的馬鈴薯片上，均勻撒上 1/4 茶匙鹽、黑胡椒，放上迷迭香，
置入烤箱烘烤 15 分鐘後取出。

④ 使用木頭平劑，滑入片片交疊的馬鈴薯底端，將馬鈴薯片與上層的鱈魚排一同舉起，
擺盤後滴上少許檸檬汁。

Asparagus Frittata with Ham and Tomato

蘆筍番茄火腿烘蛋

食材

雞蛋 6 顆
蘆筍 180 公克
番茄 1 顆
火腿 120 克
芳提那起司 70 公克
平葉香芹 5 梗

蒜頭 2 瓣
鮮奶油 2 湯匙
無鹽奶油 1 湯匙
黑胡椒 1/4 茶匙
鹽 1/2 茶匙

作法

1. 蒜頭切末。平葉香芹洗淨、去梗並切碎。
2. 蘆筍洗淨、切除尾端粗纖維後切段。火腿切丁、番茄切塊、起司切塊。
3. 將蛋、鮮奶油、鹽、黑胡椒放入乾淨的攪拌盆中,用打蛋器均勻打成蛋液。
4. 中火將平底鑄鐵鍋預熱,加入奶油,一邊融化一邊均勻塗抹鍋底與鍋邊。
5. 蒜頭炒香後,加入蘆筍拌炒。
6. 加入火腿、番茄,拌炒至番茄汁液與食材均勻混合、蘆筍仍脆嫩,約 2 分鐘。
7. 將蛋液緩緩倒入鑄鐵鍋中,並將鍋內食材分散鋪平,轉以小火慢煮。
8. 同時,使用矽膠刮刀,由鍋子邊緣至中心的方向,將蛋液單方向往中心劃動。按順時鐘方向,依序將每邊蛋液皆往中心劃過一次,能讓蛋液煮得更均勻。
9. 當鍋邊與鍋底的蛋液已凝固,但表層仍呈液狀時,將起司輕輕置入鍋中,分散擺放。撒上香芹,繼續煮約 2 分鐘。
10. 使用矽膠刮刀順沿著鍋邊劃一圈,將凝固的蛋與鍋邊稍作分離。
11. 將鑄鐵鍋放入烤箱內下層網架上,將烤箱設定炙烤功能(Broil),炙烤至烘蛋的表面轉成金黃色澤、但尚未烤焦,約 3 ～ 5 分鐘。
12. 關火,開啟烤箱門,讓鑄鐵鍋散熱數分鐘後,趁烘蛋仍溫熱時擺盤食用。

Roast Lamb Racks with Lemon Herbs

法式帶骨羔羊排

食材

法式帶骨羔羊排 6 片

橄欖油 6 湯匙

檸檬 1 顆

韭菜葉 1/2 湯匙

薄荷葉 1/2 湯匙

迷迭香 1 湯匙

百里香葉 1 湯匙

松子 2 湯匙

蒜頭 3 瓣

麵包粉 1 杯

鹽 1/2 茶匙

黑胡椒 1/2 茶匙

作法

① 烤箱預熱 200℃。

② 薄荷葉、韭菜葉、百里香葉、迷迭香、蒜頭、松子分別切末。

③ 洗淨檸檬外皮,取皮屑、榨出半顆檸檬汁。

④ 在乾淨的碗中,加入橄欖油、步驟 2 與步驟 3 之食材、鹽、黑胡椒,混合均勻成醃醬。

⑤ 將帶骨羔羊排放入食物夾鏈袋中,加入一半之醃醬,密封冷藏 20 分鐘。

⑥ 將剩餘的一半醃醬加入麵包粉混合。

⑦ 取出冷藏的帶骨羔羊排,將麵包粉醃醬均勻裹上。

⑧ 放入烤箱烘烤 20 分鐘後,調降烤箱溫度至 180℃,繼續烘烤至羔羊排內部溫度達 60℃,約 30 分鐘,此時羔羊排約為五至七分熟,裡肉粉紅但不滲血,肉質軟嫩汁液飽滿。

⑨ 取出羔羊排,靜置 10 分鐘讓肉汁回縮。

Spinach Dip in Bread Bowl
麵包碗佐菠菜優格沾醬

食材

冷凍菠菜末
美奶滋 1/4 杯
原味希臘優格 2/3 杯
蜂蜜 2 湯匙
紅蘿蔔丁 1/2 杯
帕馬森起司粉 3 湯匙
鹽 1/2 茶匙
洋蔥粉 1/4 茶匙
蒜粉 1/4 茶匙
圓形法式硬麵包 1 個

① 若使用新鮮菠菜代替冷凍菠菜末，先將洗淨的菠菜汆燙瀝乾、置涼並擠壓出多餘水分後，再切成小葉片。

② 冷藏後的菠菜沾醬風味更加突顯，不妨在派對的早晨或前一晚提前製作沾醬，前半小時再與麵包碗組合。

③ 除了搭配麵包，菠菜沾醬也很適合搭配薄餅乾、玉米脆片、甜椒、小黃瓜、芹菜，成為健康的蔬食零嘴。

作法

① 將冷凍菠菜末解凍，擠壓瀝乾多餘水分。

② 削除紅蘿蔔皮，將紅蘿蔔切碎丁，或是放入食物處理機打碎。

③ 在攪拌盆中，混合美奶滋、希臘優格、蜂蜜、帕馬森起司粉、鹽、洋蔥粉、蒜粉。

④ 加入紅蘿蔔碎丁、菠菜末，攪拌均勻後，置入冰箱冷藏。

⑤ 將圓形硬麵包頂部平行切開，內部挖空，留下邊緣約 2 公分厚度當作碗使用。

⑥ 取出冷藏的菠菜沾醬，盛入麵包碗中。

⑦ 將挖出的麵包用手撕成小塊、麵包蓋切成條狀後擺盤，搭配菠菜沾醬一同食用。

Smoked Salmon Deviled Eggs

燻鮭魚復活蛋沙拉

食材

雞蛋 6 顆
燻鮭魚 1 又 1/2 盎司
美奶滋 1 又 1/2 湯匙
法式第戎芥末醬 1 湯匙
酸奶油 1 湯匙
蒔蘿 1 茶匙
黑胡椒 1/8 茶匙

作法

① 將生雞蛋小心輕放在平底湯鍋中，加入冷水至水位覆蓋雞蛋約 3 ～ 5 公分。

② 大火煮滾後，蓋上鍋蓋，關火繼續悶煮 13 ～ 15 分鐘。

③ 同時，將燻鮭魚切成小片、蒔蘿去梗取針葉備用。

④ 撈出水煮蛋，沁入冰水冷卻後，將蛋殼剝除。

⑤ 將水煮蛋水平或垂直對切，挑出蛋黃，集中放入一乾淨的攪拌盆。

⑥ 將燻鮭魚、美奶滋、芥末醬、酸奶油、蒔蘿、黑胡椒加入攪拌盆中，以叉子搗成蛋黃泥。

⑦ 用湯匙，將蛋黃泥分別填入掏空的蛋白內，撒上少許蒔蘿葉片，或是佐上酸豆一同享用。

Halloween

萬聖節

古凱爾特文明的「薩溫鬼夜」

　　萬聖夜（Halloween），這項風靡歐美國家的年度「鬼節」慶典，蘊含著逾三千年的古老文化，起源自古歐洲鐵器時期（約西元前十三世紀至西元前一世紀）。當時，定居於今日法國東部塞納河、德國西南部萊茵河，以及多瑙河上游地域的，是一支古文明強盛勁旅：凱爾特人（Celt）。每年 10 月的最後一夜，是古凱爾特人夏日收成季節的結束，稱做「薩溫夜」（Samhain Night）。這天夕陽西下前，牧人將高山上的牛群由夏季牧場帶回村落、屠宰養肥了的家禽牲畜，預備用作日後的冬季儲糧。相信靈魂不滅的古凱爾特人認為，這標記著邁入漫長寒冬的一晚，同時是靈界與人間屏障最薄弱的時分。遊走的惡魔鬼怪和逝去的親人靈魂，能在此夜輕易穿越到人類世界。

　　因此，從 10 月 31 日夕陽西下至隔天日落為止，古凱爾特人在村落山頂舉行篝火祭典：焚燒牲畜遺骨，穿戴動物的皮毛和飾物，眾人圍繞著熊熊燃燒的火堆舞蹈祭祀，最後帶回篝火的餘灰炭燼，撒在房屋四周，用以驅離蠢蠢欲動大鬧人間的鬼魂。另一方面，人們在家中點起蠟燭，於餐桌空位上設置餐具、擺堅果、斟紅酒，迎接至親朋友的靈魂返家。

　　一世紀，強勢的羅馬帝國軍團奪據了大部分古凱特爾民族的歐洲領地，唯今日的愛爾蘭、威爾斯、蘇格蘭、曼島，與布列塔尼半島區域得以倖存。即便如此，根深蒂固的古凱爾特民間習俗仍默默影響著歐洲大陸，等待著與日後的羅馬基督教文明交融。

基督教「萬聖夜」

現代西方家庭的萬聖夜慶祝習俗，為基督教信仰與古凱爾特傳統的折衷融合，在七世紀時逐漸成型。西元 609 年 5 月 13 日，拜占庭皇帝福卡斯（Phocas Augustus）將古羅馬共和時期興建的宗教建築──萬神殿（Pantheon），獻給教宗波尼法爾四世（Pope Boniface IV），用來緬懷聖母瑪利亞與其殉道者（Santa Maria dei Martiri），舉辦彌撒儀式。事隔一世紀，教宗格列哥里三世（Pope Gregory III）進一步將象徵宗教「聖殿」的梵蒂岡聖彼得大教堂（St. Peter's Basilica）其中的一座小禮拜堂，奉獻給「所有基督教聖人與殉道者」，從此正式有了「萬聖日」（All Saints' / Hallows Day）的名稱。

本質上，基督教的「萬聖日」與古凱爾特文化的「薩溫鬼夜」南轅北轍，前者悼念宗教聖人，後者敬畏鬼怪靈魂。然而，期望能潛移默化基礎深厚的古凱爾特習俗，並推廣基督教節日，羅馬教宗格列哥里四世（Pope Gregory IV）決定將「萬聖日」的紀念彌撒挪至每年的 11 月 1 日，結合前夕──「萬聖夜」（All Hallows' Evening，現代縮寫為 Halloween）及隔日的「萬靈日」（All Souls' Day），形成連三天的基督教「萬聖季」（Hallowtide）。

相隔數千年，基督教信仰已成為西方世界的主流宗教，「萬聖夜」更成為孩童們殷切期待的年度趣味節慶。而古凱爾特「薩溫鬼夜」的殘影，則鬼魅般地混入現代「萬聖夜」的活動之中：裝扮成鬼怪妖精遊街作怪、齊聚爐火旁聆聽鬼故事、雕刻恐怖嘴臉的蠟燭燈……彷彿傳統鬼夜的舊習不散，則凱爾特的古老精神不滅。

Celebrating Halloween
萬聖節傳統

Trick or Treat
不給糖就搗蛋

「不給糖就搗蛋！」是萬聖夜裡最常聽到的一句話。晚餐後，孩童們迫不及待地穿戴上親手挑選或製作的主題裝扮，成群結隊地提著南瓜燈與袋籃，唱唱跳跳地在街頭巷尾按鈴討糖。街坊鄰居們倒也做足了萬全的準備，囤積好成袋的各式糖果、在門廊階梯旁堆放嚇人的鬼臉傑克燈、於屋簷門檻上吊掛絨毛蜘蛛與黑蝙蝠，甚至煞有其事地在草坪插入刻有「安息永眠」字樣的墓碑、一旁骷髏頭由土堆中破土而出……這些精心營造出的恐怖氣氛，無不是為了嚇嚇來討糖的孩子，給予難以忘懷的鬼夜經驗。

萬聖夜晚變裝討糖從 1940 年代開始在北美洲逐漸流行。不僅出現在一系列的兒童雜誌、廣播秀和史努比連載漫畫中，動畫大亨華特迪士尼也在 1952 年推出《不給糖就搗蛋》的唐老鴨卡通特輯，淘氣生動地描繪三隻小鴨——休伊、杜威和路易，在女巫的協助下，成功向叔叔唐老鴨討糖的故事。卡通裡，分別打扮成幽靈、惡魔與巫師的小鴨們，在萬聖夜晚興奮前來唐老鴨的家討糖吃，小氣的唐老鴨不但沒給姪兒們糖果，還惡作劇地朝他們放鞭炮、淋水桶。騎著掃帚路過的女巫見狀於心不忍，便施魔法惡整唐老鴨，終於讓小鴨們開心地提領大桶糖果回家。

除了闔家歡樂的娛樂效果，這部《不給糖就搗蛋》的迪士尼卡通更透露了現代「萬聖節」對於「薩溫鬼夜」習俗的擷取與重新詮釋。在薩溫鬼夜裡，古凱爾特人因為懼怕越界的鬼怪趁機附身，於是把自己打扮成鬼怪樣貌，或是披上猛獸皮毛，想矇騙過關。同時，居民奉上充裕的酒餚，讓鬼怪們樂於酒足飯飽，打消大鬧人間的念頭。這些古老的儀式最終演變成「變裝」和「不給糖就搗蛋」的萬聖夜慶典活動，無關乎信仰，不如說是擷取古文化的習俗元素，來造就新節慶的有趣傳統。畢竟，還有什麼能比大把吃糖果、奇裝異服遊街、聆聽鬼故事，更能滿足孩童們玩耍探險的渴望呢？

Above: Indigo LT, Below: Yan Lev/Shutterstock

117

Souling

祈靈儀式

　　事實上，「不給糖就搗蛋」的北美萬聖夜習俗直到 1980 年才傳回英國大不列顛島。在此之前，蘇格蘭、愛爾蘭與威爾斯的居民流傳著相似，卻又不盡相同的傳統，稱作「祈靈」（Souling）。中世紀時，英國的富裕家庭於 10 月 31 日晚間，特別準備「靈魂蛋糕」（Soul Cake）與紅酒，擺於餐桌上獻給返家的親屬靈魂。隔日，這些家庭們將奉祀完後的「靈魂蛋糕」，分贈給前來敲門的貧苦人家與孩童。為了答謝免費的點心，乞食者則前往教堂去為這些慷慨家庭的逝世家人祈禱，幫助逝者的靈魂脫離苦難煉獄。十九世紀後，祈靈的傳統漸漸褪去宗教色彩，轉變為街頭巷尾的睦鄰活動。孩童們或彩繪臉頰、或戴上面具，提著用大頭菜雕刻成的燈籠，來到鄰居家前唱歌舞蹈、朗誦詩歌、分享笑話，表演完畢後大人們便贈予水果、糕點或零錢當作禮物。

Jack-O-Lantern

傑克鬼燈

　　昏暗夜色中，悠悠明滅著橘紅光芒的南瓜雕刻燈籠，在萬聖夜裡營造出毛骨悚然的陰森氛圍。俗稱傑克鬼燈（Jack-O-Lantern），這個源自愛爾蘭的古老民間故事，在北歐與西歐國家間盛傳。話說，十九世紀的愛爾蘭村落裡，住著一位懶惰又狡詐的鐵匠，人人稱他「小氣傑克」（Stingy Jack）。某天傑克來到一棵巨大蔭蔽的蘋果樹下睡午覺，卻倒楣地遇見隱匿人間的魔王撒旦。撒旦告訴傑克要將他的靈魂帶回地獄，傑克情急下想出一個詭計說：「若是你能攀登上這棵巨大蘋果樹的頂梢，我就跟你走。」正當撒旦忙著爬上樹頂時，傑克快速地在蘋果樹周圍與樹幹上刻劃十字架，反將撒旦困在樹上。傑克向撒旦交換條件，得以永遠不入地獄，但萬萬沒想到，這也使得天堂拒絕接受傑克死後的靈魂，更慘的是連地獄使者也朝他關起大門。這回，傑克向撒旦央求取消過往的協議，不過撒旦回應：「只要你能找到別的靈魂來取代，我就讓你的靈魂進入地獄！」

　　於是，傑克的靈魂在每年薩溫夜晚混進人間遊蕩，想找尋替死鬼。為了照亮路途，傑克偷取田園裡的甜菜，製成空心燈籠隨手提著。人們若是看到夜晚林間或田裡閃爍著無名鬼火，便互相警告：「提著燈籠的傑克來了！」因此有了傑克鬼燈（Jack of the Lantern，演變為 Jack-O-Lantern）的說法。隨後，人們學著取用甜菜或南瓜，雕刻製作成燈籠，在萬聖（薩溫）夜晚提著出門，假裝成同樣受困的遊魂，在黑暗中騙過傑克。

Halloween Divinations

命運占卜

　　古凱爾特人認為，若能理解幽靈鬼怪的指示，人們便能預知即將發生的未來。因此一直以來，在傳說鬼魂暢遊的薩溫夜裡，民間魔法巫術盛行，人們趁此時節，透過各項占卜儀式，滿足探究神祕未來的好奇心。在十八世紀的英格蘭中部德比郡，年輕仕女間盛傳著在萬聖夜睡前，將迷迭香、小樹枝和一枚折彎的六便士硬幣放在枕頭下，便能夢見未來丈夫的樣貌。鄰近的伍斯德郡，未婚女子們則會準備好一枚乾淨的羊毛絨球，趁半夜丟出睡房窗外。首位撿到該毛球並低語念出女子芳名的男士，便是她未來的丈夫……類似的萬聖夜占卜術在數百年前的歐洲鄉鎮不勝枚舉，隨著時光一同流逝。然而，少數的迷信歷久不衰，至今仍在部分蘇格蘭、愛爾蘭與北英格蘭家庭裡，成為傳統趣事，口耳相傳。

堅果占卜

　　10 月份是栗子與榛果的收成時節，古凱爾特人在薩溫夜篝火祭典時，便有朝著骨頭火堆中丟擲堅果作為祭祀貢品的習俗。時光快轉，新鮮的烘烤堅果，成為大夥兒在萬聖夜圍爐說鬼的最佳聚會零嘴。情竇初開的女孩們，分享起神祕的占卜遊戲：將一顆顆的堅果放進火中烘烤，在擺放的同時，心中念想著一位追求者的名字。靜靜等候，若是堅果在爐火中緩慢變色，則代表該名男子會是一位忠誠的追求者；若是堅果受熱彈跳蹦開，那麼他便不值得信賴。烤堅果也成為青春情侶探測未來關係的占卜遊戲：男女各拿一顆堅果，在爐火裡相倚放好。兩堅果如果在烘烤過程緊緊依附，表示雙方能相互扶持，結婚指日可待。相反地，若是其中一顆堅果彈跳開來，那麼兩人終將分離。

Ekaterina Pokrovsky/Shutterstock

121

果乾麵包占卜

　　除了圍爐烤堅果，食用特製的「果乾麵包」
（Barmbarck Bread）來占卜未來一年的運勢，更
是愛爾蘭家庭至今仍沿襲的萬聖節習俗。果乾麵
包的口感密度介於吐司和蛋糕之間，以數種果乾
製作──通常採用葡萄乾、黑醋栗乾、櫻桃乾、
蘋果乾或藍莓乾等，浸泡於熱英式紅茶中，隔夜撈出後再混和入酵母麵團裡。

　　不同於普通的烘焙點心，用於占卜的果乾麵包內，藏有具象徵意義的五種小物件：一
枚小硬幣、一只戒指、一塊布、一根小木棒、一顆豆子或鈕扣。萬聖夜晚餐後，主人端出
果乾麵包、均成小塊，每個人小心翼翼地食用，既期待又害怕將從麵包裡吃出什麼。其
中，戒指和硬幣是最幸運的物件，分別代表著婚運與財運；吃到豆子或鈕扣則代表未來一
年仍將保持單身；掏出小木棒和碎布的人通常伴隨著一聲慘叫哀號，因為未來的一年裡得
處事小心，否則容易與人爭執或破財。不論相信與否，果乾麵包占卜的趣味十足，每逢萬
聖節期間，成為愛爾蘭地區多數麵包烘焙坊中熱賣的季節商品，受歡迎的程度可見一斑！

Apple Bobbing
咬蘋果

　　「咬蘋果」為現代廣受歡迎的萬聖節傳統，與愛爾蘭神話息息相關，曾為古凱爾特民族的愛情占卜術之一。話說，古凱爾特人對於擁有強大破壞力、能感知預言，而且情感豐富的戰爭女神摩莉甘（Morrigan）深感敬畏。神話裡，摩莉甘與神族裡的至高善神達格達（Dagda）曾經是一對戀人，兩人在薩溫夜晚於河畔相遇。激情過後，摩莉甘答應使用魔法協助神族的戰鬥，成功幫忙達格達擊退侵擾的深海巨人弗莫爾族（Fomoire），保衛了愛爾蘭。古凱爾特人習以五芒星為戰爭女神摩莉甘的象徵符號，而當羅馬人將蘋果由歐洲東南部原產地引進大不列顛島時，古凱爾特人發現將蘋果橫向剖開，果核內的果籽呈現近乎完美的五芒星圖案，便將蘋果奉為代表戰爭女神摩莉甘的神聖水果。

　　除了懷有高昂的戰鬥力與魔力，摩莉甘在神話裡的角色性格極富情感，勇於追求愛情。也因此，古凱爾特人相信透過蘋果進行占卜，能預言人生真愛或婚姻。在薩溫夜晚，未婚的情侶們來到水池前，男子們將刻有自己姓名的蘋果投入水池，而女孩們必須用嘴，將寫著心儀男子名字的蘋果從水池咬出。若女孩僅嘗試一次便成功，代表兩人為佳偶天成；兩次才含出蘋果者，表示這對情侶只能擁有短暫即逝的愛情。蘋果占卜還有另一種解讀：能最先從水池中咬出蘋果的人，便是下一位即將結婚的幸運兒！

「咬蘋果」在現代萬聖夜裡，遊戲的意義已遠大於占卜，成為派對時炒熱氣氛的戶外遊戲，特別受到孩童們與青少年的喜愛。為了增添遊戲的緊張感和趣味性，不妨將遊戲參與者分成兩組人數相同的團隊，相互競爭。

「咬蘋果」遊戲準備

① 將兩個大水盆裝滿水，並排放置，間隔約 1 公尺遠。可在水盆下墊張桌子或椅子，調整水面高度到參賽者的胸部，使遊戲較為容易進行且安全。

② 將與參賽人數相同的蘋果，去梗且洗淨後，置入水桶中。

③ 準備數條乾毛巾，以方便遊戲後參賽者擦拭，或是清理地面。

④ 設立與兩水盆平行的競賽起點線和終點線。讓兩隊人馬分別排好隊，站在起點線後方。

「咬蘋果」進行方式

遊戲開始，兩隊的第一位參賽者競跑至各自的水盆處，雙手擺在背後，用嘴巴將水中任何一顆蘋果咬出水盆，吐置於手掌中，然後快跑回起點線。隨後，下一位小組成員接力起跑，遊戲的步驟重複至最後一位成員完成任務後回到起點處，由最快完成遊戲的小隊伍獲勝。

若是想調整遊戲的困難度，還可以嘗試：

① 每位參賽者各於一顆蘋果貼上寫有自己名字的標籤，遊戲時，僅限咬出貼有自己名字的蘋果。遊戲後大家還能享用各自的蘋果，既衛生又不浪費。

② 蘋果越大顆越難施力咬出。若參賽者年齡較小，可選用小蘋果，讓遊戲更容易完成。

③ 戴上游泳蛙鏡，更能清楚掌握蘋果的位置。

為了安全起見，建議使用淺水盆取代深水桶當作盛水容器，避免失去平衡而跌入水中的可能性。遊戲進行時，於各組水盆旁配置一位監督人員，同步觀察孩童的遊戲狀況，且禁止在水中閉氣過久，以免造成溺水或嗆水的危險狀況。此外，事前剔除蘋果梗，能避免遊戲時不慎刮傷臉部或眼睛。

Doughnut Bobbing

咬甜甜圈

　　堪稱傳統咬蘋果遊戲的「現代版」，準備容易而過程更安全，獲得家長們的青睞。首先，備妥與遊戲參與人數相同的環狀甜甜圈和棉繩，於每條棉繩的一端各綁上一個甜甜圈。接著，選擇能適當吊掛甜甜圈的遊戲場地。例如，於戶外進行遊戲時，可選擇一棵高過人頭但伸手可及的矮樹，將各個甜甜圈分散綁在樹枝上，使甜甜圈垂吊的高度約為遊戲參與者抬頭或踮腳的高度。遊戲開始前，讓每個人在各自的甜甜圈旁就定位，雙手擺在背後。當裁判一聲令下，能搶先將甜甜圈吃光者獲得勝利。在室內遊戲時，則可嘗試牢繫一條繩子橫跨兩柱之間，或是選擇穩固的曬衣繩／桿作為綁甜甜圈的媒介，只要確認繩桿不會因為遊戲拉扯而塌垮下來，不妨自由發揮。

Memories of Halloween
萬聖節回憶

Margaret ／文化：加拿大、英國、美國

　　孩童時期，我和父母住在加拿大中部的溫尼伯市（Winnipeg）。1950 年代的萬聖節氛圍並沒有像現代那麼恐怖和講究，每個家庭在門廊前、階梯旁擺放親自雕刻的南瓜燈，裡面點燃蠟燭，便是萬聖節夜晚的裝飾。街道巷弄裡，可見孩童們絡繹不絕地上下階梯、手拎著枕頭套當袋子，挨家挨戶按鈴討糖。當時我們對人們喊著：「萬聖節蘋果！」（Halloween Apples）而不是今日的「不給糖就搗蛋」。我不確定這是否僅為溫尼伯市的老習俗，不論如何，比起蘋果我們當然更想要糖果。有些長者會要求我們以表演交換糖果，記得有次我們來到一戶人家，兩位老婆婆領我們進入客廳，要我們齊唱英國國歌「天佑女王」，我們唱得零零散散，但終究還是拿到了糖果。裹著糖蜜的太妃糖是大家最常拿到的萬聖節糖果，還有一些是家庭手工製作的糖果。討糖累了後，我們便回到自家客廳，將戰利品從袋子裡傾倒而出、分類，然後互相交換。

　　萬聖節的服裝大多是親手製作，當年大家喜歡變裝成海盜、公主、流浪者等，手作成品創意十足。天黑後出門遊蕩對孩子們而言是很興奮的事情，年紀比較小時會有一位大人陪同討糖，長大一點就開始自己成群結隊地夜遊，直到某一年我的年紀太大、不再適合討糖，便只能感傷地留在家裡幫忙發糖果。

　　三十多年前，我與丈夫帶著小孩搬到加拿大西部的維多利亞市（Victoria），驚訝地發現在這兒居民會在萬聖節放煙火。那是融合英國每年 11 月 5 日蓋福克斯夜（Guy Fawkes Day）煙火節的習俗，可惜的是，如今本市已經禁止施放煙火。

Jennifer ／文化：加拿大

　　每年萬聖節在加拿大西部的亞伯達省（Alberta）幾乎都下著雪，導致我們的萬聖節變裝通常都必須做得很寬大，才能夠套在雪衣雪褲外面保暖，可想而知看起來有多醜！我記得中學時期因為父親工作的關係，我們全家搬到印尼居住幾年。那邊氣候炎熱，萬聖節變裝根本就是尺度大解放，我和朋友們換成比基尼般涼快的裝束參加萬聖節活動。

　　萬聖節的晚餐家裡通常都吃得很簡單，有時是前晚的剩菜，或是事前預備的簡餐，反正我們都囫圇吞棗、等不及要出門討糖，而且最好是能待得越晚、裝得越多袋越好。小時候，萬聖節的意義對我而言就是糖果、糖果、糖果！我會在自己的抽屜裡滿滿地囤積戰利糖果，甚至分配每日限額，讓糖果存量能維持到隔年的復活節，再把庫存補滿。除了討糖，我也很愛雕刻南瓜燈，每年我都會嘗試雕刻不同的圖案，享受其中的創意。

Arina P Habich/Shutterstock

YanLev/Shutterstock

Halloween Decorations
萬聖節布置

Pumpkin Carving
手作：雕刻南瓜燈

　　傳統的傑克南瓜燈一般採用外貌渾圓、顏色深橘的阿拉丁（Aladdin）南瓜品種。此種南瓜體型較大，通常高 30 ～ 40 公分、重達 13 ～ 23 公斤，具有寬大而規律的表面、殼軟肉薄，雕刻較為容易。即便如此，雕刻用南瓜的品種選擇並無限制，可以依照個人喜好，選用多種不同形狀、外觀、顏色的南瓜群來雕刻裝飾，自由組合排列更為有趣。

　　挑選雕刻用南瓜時，需避免有外傷、凹撞痕跡的南瓜。具有缺口和凹陷的南瓜容易遭來蟲蛀、黴菌感染，加快腐爛的速度。除了視覺檢查外觀，可運用手指輕壓南瓜各個面向，若壓到軟綿的凹陷表面，則代表此顆南瓜內部已經開始腐爛。此外，最好選擇蒂梗仍然完整連結的南瓜，蒂梗斷裂通常可視為南瓜曾經遭受擠壓撞擊，或是有不健康的跡象。

　　存放在涼爽的通風處，南瓜在購買後至雕刻前約可保存 1 ～ 2 周。雕刻後的南瓜腐壞速度加快，大約 3 ～ 5 天就會開始發霉，因此建議以預計擺飾的期間來決定雕刻的時機點，不要太早雕刻。雕刻後，仍應置於涼爽的通風處，避免接觸強烈日曬或潮溼環境，以延長保存期。

材料

南瓜

南瓜雕刻鋸／鋸齒麵包刀

U 型刀／削皮刀

金屬挖勺／湯匙

麥克筆

蠟燭

步驟

1. 清理南瓜表面汙泥，擦拭乾淨。

2. 用麥克筆在南瓜上繪出鬼臉或圖樣草稿，並在南瓜頂部，環繞著瓜梗周圍畫一圓圈。

3. 取雕刻鋸／鋸齒形麵包刀，順著畫好的圓圈，將南瓜開頂：切入時，將刀尖與南瓜球面呈斜 45˚角戳入較為容易，刀尖順利插入後，再以鋸齒面來回順切。

4. 打開南瓜頂殼，以刀子將牽連著殼的纖維、南瓜籽與南瓜肉清除乾淨後，保留作為蓋子用。

5. 拿金屬挖勺／湯匙，將南瓜內部的纖維、南瓜籽、南瓜肉盡量刨刮乾淨。掏出的南瓜籽可保留下來，清洗後加鹽與橄欖油烘烤當零嘴，或是當作食材配方。

6. 以雕刻鋸／鋸齒形麵包刀，沿著草稿記號，慢慢雕刻出喜好圖樣。越細緻的圖樣，在雕刻時需越加小心，以免失手鋸掉大塊瓜殼。

7. 若想讓圖樣呈現出深淺色塊的層次，可使用 U 型刀／削皮刀，削除南瓜表皮但不雕空，去皮的區域便會呈現淺橘色的色塊。

8. 在南瓜蓋上切出一個半圓或三角形缺口，作為燈籠的頂部煙囪。

9. 所有雕刻步驟完畢後，再次清除南瓜內部多餘的纖維與南瓜肉屑塊。用溼布清理南瓜外殼因雕刻而黏黏的肉汁，再以廚房用紙巾拭乾表面。

10. 放入蠟燭，點燃、蓋上南瓜蓋，將傑克鬼燈置於遠離易燃物的區域展示。

Arina P Habich/Shutterstock

133

Witch Gallery
手作：女巫影廊

材料

白色影印紙　　　　　　　　　　　白色簽字筆
黑白印花美術卡紙　　　　　　　　雙面膠帶
黑色毛氈紙　　　　　　　　　　　剪刀
4×6 相框　　　　　　　　　　　　鉛筆

步驟

1. 在白色影印紙上，以鉛筆嘗試畫出不同的女巫側臉草稿。
2. 將草稿一一剪下，以白色簽字筆沿邊描繪在黑色毛氈紙背面。
3. 沿著描邊，剪下黑毛氈女巫臉，分別於背面貼上雙面膠帶。
4. 挑選印有黑白圖騰，或是哥德風格印花的美術卡紙。
5. 將相框背板拆下，用鉛筆將背板尺寸描繪在美術卡紙的背面，沿邊剪裁。
6. 取一塊黑毛氈女巫臉，置中貼於一張裁好的美術卡紙上。
7. 放入相框，沿著長廊排掛於牆面，向世人顯現你的女巫家族原貌吧！

1. 造型古怪的圓簷尖頂帽、大而尖的鼻子、凸出的下巴、領口披風，掌握住這四大繪圖重點，就能打造出令人毛骨悚然的女巫輪廓。還是太困難？沒關係，網路上亦能找到許多免費的女巫剪影，下載後將剪影列印出，直接當作草稿使用吧！

2. 配合萬聖節的氛圍，建議挑選印有黑色、暗紅色、深紫色等圖騰或哥德風印花的美術卡紙，作為相框內的背景，將女巫剪影襯托得更加生動。

3. 排掛女巫影廊時，建議使用市面上的雙面魔鬼氈無痕黏扣帶，就能安心地進行季節布置，不需擔心傷害牆面和清理的問題。

Flying Bats

手作：飛翔蝙蝠

材料

白色影印紙

黑色毛氈紙

白色簽字筆

釣魚線

透明膠帶

大頭針

鉛筆

剪刀

步驟

1. 以鉛筆在白紙上，畫出不同大小的蝙蝠輪廓草稿。

2. 將草稿一一剪下，以白色簽字筆沿邊描繪在黑色毛氈紙背面。

3. 沿著描邊，剪下所有的毛氈黑蝙蝠。

4. 將每隻毛氈黑蝙蝠沿中線對折，壓出摺痕。

5. 取大頭針，在對折的毛氈黑蝙蝠的軀幹、翅膀處，分別穿出一個小洞。攤開毛氈黑蝙蝠，可見黑蝙蝠上將有四個小洞。

6. 將透明釣魚線，由毛氈黑蝙蝠翅膀的一端，經由軀幹處的兩洞孔，往另一端的翅膀穿出。

7. 將穿越後的釣魚線裁剪成適當長度，兩端對齊後打結固定。

8. 重複步驟 5 ～ 7，直到完成所有的黑蝙蝠吊飾。讓每隻黑蝙蝠吊飾的長度不一，吊掛時才有起起伏伏的自然效果。

9. 將黑蝙蝠們勾掛在餐桌吊燈，或是以透明膠帶黏貼懸吊在牆架底面、門楣底面，營造出蝙蝠群聚盤旋的視覺感。

Halloween Recipes
萬聖節料理

Pumpkin 101
食用南瓜指南

　　燉煮濃湯用的最佳南瓜品種稱為「奶油果南瓜」（Butternut Squash），因具有溫暖的奶油色外殼、果肉味道濃甜順口且帶有堅果風味而得名。不同於一般的南瓜樣貌，奶油果南瓜表面光滑平整、狀似葫蘆，極為容易辨認。這種南瓜果肉豐富、少籽少纖維，能燉煮出十分濃郁滑順的美味湯品。同樣具有堅果風味，顏色深綠而形狀圓滾的日本「栗子南瓜」（Kabocha）亦為受歡迎的燉湯南瓜品種之一，雖然果肉不及奶油果南瓜溫潤柔滑，但鬆軟綿密，口味依舊香甜。此外，綠橡子南瓜（Green Acorn）適合切片後燒烤當零嘴；麵條南瓜（Spaghetti Squash）則如其名，能代替義大利麵，烘烤後淋上肉醬；糖南瓜（Sugar Pumpkin）常使用做派及甜點；而迷你型的嘉年華南瓜（Carnival）及灰姑娘南瓜（Cinderella）則多用來擺設裝飾，不適合食用。

挑選祕訣
1. 以輕微力道指壓南瓜各個面向，新鮮的南瓜應堅實不軟塌。
2. 外觀平順、色澤均勻，且南瓜梗仍穩固連結，代表尚未過熟。
3. 比較相同尺寸的南瓜，重量較重者更具飽滿果肉。
4. 避免外殼傷口或霉菌感染，但若只是外皮髒汙或輕微蟲咬則不影響口味。

軟化技巧
1. **電鍋蒸軟法**：將南瓜放入內鍋，外鍋加水蒸煮約 7 分鐘。
2. **熱水浸泡法**：煮滾一鍋熱水，小心將南瓜置入滾水中浸泡 5 分鐘。

KABOCHA

SUGAR PUMPKIN

SPAGHETTI

GREEN ACORN

CARNIVAL

BUTTERNUT

CINDERELLA

Roasted Butternut Pumpkin Soup

香料奶油果南瓜濃湯

食材

奶油果南瓜 1 顆

蒜頭 4 瓣

奶油 3 湯匙

黃洋蔥 1 顆

雞高湯 3.5 杯

小茴香粉 1/4 茶匙

肉豆蔻末 1/4 茶匙

迷迭香 1/2 茶匙

帕馬森起司適量

鹽適量

黑胡椒適量

作法

① 烤箱預熱 180℃。

② 將奶油果南瓜去梗，長邊對半剖開。取一不鏽鋼湯匙，挖除瓜籽與纖維，將果肉剖面朝上，鋪於烤盤。

③ 小火融化 1 湯匙奶油，用刷子將融化奶油均勻塗抹於果肉表面，放入烤箱烘烤 40 分鐘。

④ 黃洋蔥切丁、蒜頭切末備用。

⑤ 將烘烤完成的南瓜取出，以湯匙將南瓜肉挖出備用。

⑥ 取一平底湯鍋，將剩餘的奶油以小火融化後，加入洋蔥丁、蒜末，均勻翻炒至洋蔥變軟。

⑦ 加入南瓜肉、雞高湯，以中火滾開後轉小火，加入小茴香粉、肉豆蔻末、迷迭香，蓋上鍋蓋燉煮 15 分鐘。

⑧ 將此南瓜料湯分批次以果汁機或食物調理機打成泥狀後，再倒回湯鍋中。

⑨ 加入鹽、黑胡椒調味，攪拌均勻後再次加熱至沸騰。

⑩ 趁熱分裝入碗，撒上新鮮帕馬森起司碎條或起司粉。

Beef & Chicken Stew with Winter Squash

紅酒南瓜燉肉

食材

牛肩肉 250 公克	中筋麵粉 2 湯匙
雞腿肉 250 公克	雞高湯 3 杯
奶油果南瓜 1 顆	月桂樹葉 5 片
洋蔥 1 顆	迷迭香 1/2 茶匙
番茄 1 顆	黑胡椒 1/2 茶匙
洋菇 10 顆	橄欖油 2 湯匙
蒜頭 2 瓣	鹽 1 又 1/2 茶匙
紅酒 1 杯	

作法

❶ 將牛肩肉、雞腿肉各切成約 3 公分立方小塊，放入乾淨的攪拌盆中，加入中筋麵粉、1/2 茶匙鹽、1/4 茶匙黑胡椒。用手翻攪，使肉塊均勻裹粉。

❷ 切除奶油果南瓜的頭梗與尾端，以削皮刀削去外皮，再順長邊對半剖開。挖除瓜籽與纖維後，切成約 3 公分立方小塊。

❸ 蒜頭切末、洋蔥切丁、番茄切塊、洋菇切半。

❹ 在乾淨的平底湯鍋中，以橄欖油熱鍋，加入洋蔥丁、蒜末炒香。

❺ 放入牛肩肉塊、雞腿肉塊，快速煎炒至外層變色。

❻ 倒入紅酒、雞高湯，加入番茄、南瓜塊、洋菇、月桂樹葉、迷迭香，以大火煮滾。

❼ 轉小火，蓋上鍋蓋慢慢燉煮 2 小時，加入 1 茶匙鹽與 1/4 茶匙黑胡椒調味。

Pumpkin Gnocchi with Sage-Brown Butter Sauce

南瓜麵團子佐鼠尾草奶油醬

食材

南瓜麵團子：

南瓜泥 1 杯

全脂瑞可達起司 2/3 杯

帕馬森起司粉 1 湯匙

蛋黃 1 顆

肉桂粉 1/2 茶匙

中筋麵粉 2 杯

鹽 3/4 茶匙

鼠尾草奶油醬：

奶油 3 湯匙

鼠尾草 15 片

肉豆蔻粉 1/2 茶匙

黑胡椒 1/4 茶匙

蒜頭 1 瓣

鹽 1 茶匙

作法

① 在乾淨的攪拌盆中，放入南瓜泥、瑞可達起司、帕馬森起司粉、蛋黃、肉桂粉、鹽，以矽膠刮刀混合拌勻。

② 一次 1/2 杯，加入中筋麵粉，以手揉整成一塊麵團。

③ 在乾淨的平臺撒上少許麵粉，將麵團移至平臺上，平均切成 6 等分。一次一等分，用雙手將麵團推滾成長條柱狀後，分切成寬約 2 公分的麵團子。

④ 煮沸一鍋加鹽熱水，分批次將麵團子放入滾水中，等麵團子浮上水面，再繼續滾煮 2 分鐘撈出。此時麵團子應已熟但不軟爛，盛入盤中備用。

⑤ 將鼠尾草去梗後切半、蒜頭切末。

⑥ 取乾淨的平底鍋，放入奶油，以中火融化後，加入鼠尾草、蒜末、肉豆蔻粉、鹽、黑胡椒，攪拌混合。轉小火，慢慢煮至奶油的水分蒸發，開始冒泡且轉成金棕色，約 3 ～ 5 分鐘。

⑦ 關火，加入南瓜麵團子，快速拌炒讓醬汁均勻裹上麵團，舀出擺盤，趁熱食用。

Stuffed Jack-O-Lantern Peppers
傑克甜椒燈

食材

甜椒 3 顆
玉米粒 2 杯
紅蘿蔔丁 1 杯
豌豆仁 1/2 杯
四季豆段 1 又 1/2 杯
紅蔥頭 1 顆
奶油 2 湯匙

蒜頭 1 瓣
義大利麵醬 3 湯匙
帕馬森起司碎條 1/3 杯
鹽 1 茶匙
黑胡椒 1/2 茶匙
番茄醬少許
紅辣椒碎片少許

作法

① 烤箱預熱 175℃。

② 洗淨甜椒表面，選擇甜椒較平整的一面，以鋸齒刀雕刻出鬼臉圖樣。

③ 切除甜椒頭，用湯匙挖清籽囊，保留頭殼裝飾用。

④ 蒜頭與紅蔥頭切末、紅蘿蔔切小丁、四季豆切小段。

⑤ 取乾淨的平底炒鍋，中火融化奶油，加入紅蔥頭末、蒜末炒香。

⑥ 加入紅蘿蔔丁、豌豆仁、四季豆段、鹽、黑胡椒、義大利麵醬，翻炒至熟。

⑦ 將餡料填塞進甜椒中，半滿時鋪上一層帕馬森起司碎條，再充填至滿。

⑧ 將塞好餡的甜椒、頂殼排列於烤盤上。

⑨ 放入烤箱中層，烘烤 15 分鐘，至甜椒微微軟化、散發甜香味。

⑩ 於甜椒頂部擠上少許番茄醬、撒上少許紅辣椒碎片、半蓋頭殼，裝飾擺盤。

Double Layered Pumpkin Cheesecake
雙層南瓜起司蛋糕

食材

蛋糕底：
薑餅乾 200 公克
紅糖 1/3 杯
奶油 1/3 杯

起司蛋糕：
奶油起司 24 盎司
中筋麵粉 2 湯匙
白糖 1/2 杯
蛋 3 顆

香草精 1 湯匙
南瓜泥 1 杯
肉桂粉 1/2 茶匙
肉豆蔻粉 1/4 茶匙
可可粉少許

作法

蛋糕底：

① 烤箱預熱 160℃。

② 薑餅放入果汁機中打成餅乾屑。

③ 餅乾屑倒入攪拌盆中，加入紅糖、融化奶油，以打蛋器攪拌均勻。

④ 將 9 吋脫底蛋糕烤模（Springform Pan）抹油，倒入餅乾屑，分散鋪平、壓緊。

⑤ 放入烤箱烘烤 8 分鐘後取出，置涼備用。

起司蛋糕：

① 以錫箔紙包覆烤模外緣。

② 將軟化的奶油起司、中筋麵粉、白糖、香草精放入乾淨的攪拌盆，以攪拌機打至均勻滑順。

③ 一次一顆，加入蛋，攪拌均勻成原味起司糊。

④ 勺出一半原味起司糊，倒入蛋糕烤模中，抹平在餅乾底上方。

⑤ 將南瓜泥、肉桂粉、肉豆蔻粉，加入攪拌盆，以攪拌機混合均勻成南瓜起司糊。

⑥ 緩緩倒入烤模，鋪勻後以抹刀輕輕抹平表面。

⑦ 準備一個比烤模大的深底烤盤，置於烤箱中層烤架上。

⑧ 將烤模放入深底烤盤正中央。在深底烤盤中倒入沸水，水位不超過烤模外圍錫箔紙高度。

⑨ 烘焙 45 分鐘，當輕搖烤模，若蛋糕中央微微晃動如果凍般，即可關火。

⑩ 半開啟烤箱門，讓蛋糕在烤箱中慢慢冷卻 30 分鐘後取出。

⑪ 以餐刀順著烤模內緣劃一圈，能避免蛋糕完全冷卻後沾黏。

⑫ 移除錫箔紙，將烤模於室溫置涼 2 小時，放入冰箱冷藏 4 小時以上，至食用前再脫模。

⑬ 分切蛋糕，撒上少許過篩可可粉裝飾。

❶ 質地濃稠且嬌嫩的起司蛋糕如何切得漂亮？訣竅在於每一次下刀分切前，先將蛋糕刀過熱水清洗並擦乾，趁著刀刃仍有餘溫時入刀，就能切出乾淨不黏糊的切面。

❷ 起司蛋糕冷藏後表面出水真困擾？只要先使用一張廚房用紙巾，輕輕墊壓在起司蛋糕表層，再蓋上保鮮膜入冰箱，就能避免表面溼糊。

Note

Devil's Chocolate Lava Cake

惡魔溶岩巧克力蛋糕

食材

70％黑巧克力 115 公克

中筋麵粉 1/2 杯

香草精 1 茶匙

奶油 1/2 杯

雞蛋 3 顆

糖粉 1 杯

櫻桃數顆

作法

① 烤箱預熱 200℃。

② 在烤模內緣抹上薄薄一層奶油備用。

③ 將黑巧克力切小塊、奶油切小丁，放入乾淨的攪拌盆中。

④ 以隔水加熱法融化黑巧克力與奶油，混合均勻後移開熱源。

⑤ 加入糖粉，以打蛋器攪拌均勻。

⑥ 加入打散的蛋液、香草精，攪拌至完全混合。

⑦ 加入中筋麵粉，使用矽膠刮刀重複攪拌至無粉狀殘留。

⑧ 麵糊緩緩倒入烤模。將烤模在桌面上輕輕搖晃數次，使麵糊均勻鋪開。

⑨ 放入烤箱，烘烤約 13 分鐘，此時蛋糕外圍已成型，輕搖烤模時中央似果凍般晃動。
取出烤模，稍微置涼 2 分鐘。

⑩ 將甜點盤反蓋上烤模，兩者同時翻轉，使蛋糕脫模倒至甜點盤中。

⑪ 於蛋糕上撒少許糖粉、放櫻桃裝飾，趁熱切開享用。

血腥瑪麗雞尾酒

食材

番茄汁 2 杯

伏特加 1 杯

芹菜桿 4 根

黑橄欖 16 顆

檸檬 2 顆

伍斯特醬（Worcestershire Sauce）1 茶匙

塔巴斯科辣椒醬（Tabasco）1 茶匙

山葵末 2 茶匙

芹籽鹽 2 茶匙

小茴香草 2 茶匙

粗磨研黑胡椒 1/2 茶匙

薑片 4 薄片

冰塊

作法

1. 芹菜桿洗淨、老薑切薄片。
2. 黑橄欖去籽，以竹籤串起，一串四顆。
3. 洗淨檸檬外皮，切開榨汁。
4. 取一小片檸檬片，捻著酒杯杯緣順滑一圈，使之沾上少許檸檬汁液。
5. 將酒杯反蓋於鋪有芹籽鹽的小盤中，使杯緣均勻沾取一圈鹽。加入冰塊至半滿，備用。
6. 玻璃壺中加入番茄汁、伏特加、檸檬汁、伍斯特醬、塔巴斯科辣椒醬、黑胡椒、山葵末、芹籽鹽、薑片、小茴香草，以長柄湯匙攪拌混合。
7. 調酒器中裝入冰塊至半滿，加入血腥瑪麗雞尾酒至九分滿，輕輕翻轉搖動五次，濾出倒入酒杯中。每一杯完成後，將調酒器內的冰塊更新，才進行下一批次。
8. 將每杯雞尾酒中插入一根芹菜桿、一串黑橄欖。依喜好，可搭配醃黃瓜、烤培根享用。

Thanksgiving

感恩節

英國清教徒的美國夢

　　11月底的4天感恩節假期，為美國最長的國定連假日，也是遠離家園的外地遊子「返鄉聚首」的主要節慶，蘊藏著美國歷史開端的重要意義。一切，可由英國清教徒的美國夢說起。

　　十七世紀，英國邁入信仰混亂、政治鬥爭，且經濟惡化的不安局面。英國國教會的腐敗和國王詹姆士一世（James I）對宗教改革人士的迫害，促使英格蘭的清教徒集體逃亡海外，尋找能夠自由信仰的容身之地。離開英國的清教徒們最初來到荷蘭萊茵河畔的古城萊頓（Leiden）定居，一待便是十二年，卻發現後代子女們在地化太深，逐漸捨棄祖國語言、習俗與價值觀，而面臨文化喪失的民族危機。1620 年，清教徒領袖威廉布萊福特（William Bradford）派遣信徒約翰卡福爾（John Carver）返回倫敦，與英國殖民公司協商殖民北美洲的可能性。9 月 6 日，載著包含 35 位清教徒，共 102 位英國乘客——又被稱作「朝聖者」（Pilgrims）的五月花號帆船（Mayflower），便由英格蘭西南方的普利茅斯（Plymouth）港口啟程，航向夢想的新世界。

　　五月花號在大西洋上顛簸了六十六天，終於在 11 月 11 日抵達北美洲東岸的新英格蘭殖民地──麻薩諸塞州（Massachusetts）。事實上，五月花號原先獲准登陸開墾的殖民地應為現今紐約州的哈德遜河（Hudson River）一帶，但海上暴風造成五月花號航道偏離、船身損壞，加上寒冬逼近，迫使船隻提前於普羅文斯敦港口（Provincetown Harbor）北端尖岬的科德角（Cape Cod）下錨停泊。鑑於原有的殖民地契約已不適用，乘客們於上岸前共同草擬了著名的《五月花號公約》（Mayflower Compact）來約定秩序：同意建立一公民自治團體，在符合公眾利益的原則下制定合適的法律憲章，並依法遵從。此公約經船上所有 41 位成年男性簽署，被視為近代民主的起源，更是美國自治政府的首例。

與印第安人的邂逅

　　英國清教徒抵達新大陸後，即刻面臨的便是暴雨交加的惡劣天候。北美洲的溼寒冬日在朝聖者尚未能安頓下來以前便已降臨，近乎半數的成員紛紛因氣候不適，或者營養不良而患染重病。為了與生存搏鬥，朝聖者組成探險小隊全副武裝，依循海角往南邊陸地探索，意外發現帕圖西特（Patuxet）原住民的部落遺跡，尋獲原住民埋藏於沙丘下的大量玉蜀黍和豆類。

　　「如同上帝的仁慈恩賜」，領袖威廉布萊福特在回憶錄《普利茅斯殖民地》（Of Plymouth Plantation）中如此描述，「這些玉米粒讓我們在春天來臨時，能及時栽培作物，否則人們又將再次挨餓飢荒！」數周後，探險小隊抵達科德灣西岸，在內陸山坡上，終於找到一塊鄰近溪流、適合居住、種植與防守的理想地，建立了殖民地，命名為普利茅斯（Plymouth），以茲紀念。

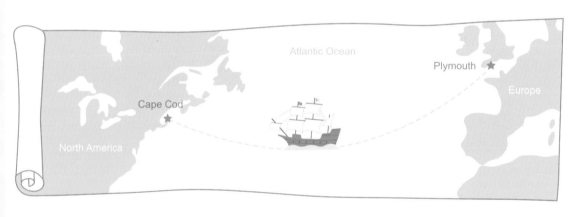

　　朝聖者雖憑藉原住民印第安人遺留的部落補給品幸運生存，卻是直到隔年春天，才首度與印第安人相會。1621 年 3 月 16 日，印第安人沙默塞特（Samoset）從緬因州亞班納基部落（Abenaki）南下拜訪萬帕諾亞格（Wampanoag）部落酋長，途中行經普利茅斯殖民地。當時，披著毛皮、半身赤裸的沙默塞特大剌剌地走進村莊，嚇壞了殖民地居民。沙默塞特使用先前在沿海捕魚時從英國軍官習得的破英文，與這群新居民寒暄，不僅幫助他們了解當地歷史和北美洲原住民的分布情勢，更答應引薦鄰近的友好印第安人前來認識。一周後，他帶來萬帕諾亞格的部落酋長——邁沙索特（Massasoit）及其族人，與殖民地代表約翰卡福爾達成和平互助協議，並指派英語流利的印第安人史廣多（Squanto）駐留普利茅斯殖民地，作為雙方的親善大使與翻譯員。

第一個感恩盛宴

　　與萬帕諾亞格部落印第安人的友好關係，是普利茅斯殖民地能蓬勃發展的關鍵。當時，朝聖者由英國攜帶而來的小麥與豌豆種子嚴重損壞，民眾對北美洲的作物和土壤性質又尚未明瞭。在乾糧用盡之際，印第安人史廣多適時出現，教導殖民地居民運用印第安人的傳統祕訣種植當地的玉蜀黍──首先，捕捉鄰近鎮溪（Town Brook）中春季回流的大量鯡魚當作天然肥料，和玉蜀黍種子一起埋入土丘播種。接著在玉米開始發苗時，圍著土丘加入南瓜與四季豆種子。如此一來，新鮮的鯡魚滋養了原本貧瘠的土壤、玉蜀黍桿成為四季豆枝蔓攀爬的自然棚架、茂密的南瓜葉既遮蔭保溼又能避免雜草叢生，而四季豆則將空氣中的氮氣轉化成土壤養分，有助於玉蜀黍和南瓜成長，形成相輔相成的完美生態圈。玉米、四季豆和南瓜，因此被印第安人稱作「三姐妹作物」。

朝聖者學習了印第安人數百年相傳的種植術，讓普利茅斯殖民地在同年秋天，就已豐收富足的玉蜀黍、南瓜等作物，還預備多樣的醃魚過冬。10月初，威廉布萊福特決定舉辦一場慶祝饗宴，邀請萬帕諾亞格部落酋長邁沙索特，以及約90位族人共襄盛舉。眾人齊聚普利茅斯大啖烤火雞、烤鵝鴨、鮮魚蝦、野莓果、玉米糕與煮南瓜……邁沙索特酋長更派人到森林裡獵了五隻野鹿加菜。大夥兒唱歌、跳舞、遊戲，讓這場傳說中的「第一個感恩節」，歡樂地持續了三天三夜。

Magdalena Kucova/Shutterstock

161

The Domestic Tie of America

凝聚美國的感恩日

　　可惜，英國殖民者與印第安人同聚歡慶的「感恩節」，並沒有在 1621 年的饗宴後形成傳統。普利茅斯殖民地的人口在短短四十年內暴增了 60 倍，時至 1675 年，新英格蘭地區已有逾百個英國殖民村鎮。在土地與資源的爭奪中，英國殖民者與印第安人反目成仇，各區域殖民地雖然每年仍有舉辦感恩宴席的習俗，但「感恩」的理由與日期皆不同，有時是感謝天災後的生存、有時是慶祝某場戰役的勝利。1783 年，美國獨立戰爭結束，第一任總統喬治華盛頓（George Washington）曾提議訂定 11 月 26 日為全國統一的感恩節日，卻未獲各州支持。

　　十九世紀，美國境內因關稅與奴隸制度意見分歧，造成南北分裂、仇恨衝突。具有濃厚人權意識與愛國情感的作家莎拉黑爾（Sarah Josepha Hale）鼓吹，建立一舉國同慶的感恩節日，將能促使全民在團聚歡樂的愉悅中，感謝生命、珍惜所有，進一步團結國內社會。共十七年的時間，她刊登社論、發行感恩節食譜，並致信給美國各州州長和五屆美國總統，終於說服了美國第十六任總統亞伯拉罕林肯（Abraham Lincoln）。1863 年，林肯宣布以每年 11 月的「最後星期四」，為全國統一的「感恩節」。

　　「最後星期四」的感恩節傳統被之後的歷任美國總統承襲沿用，直至 1939 年，小羅斯福總統（Franklin D. Roosevelt）為了拯救當時處在大蕭條時期的美國經濟，決定將感恩節提前至 11 月的「第四個周四」，以延長感恩節的折扣期來銜接聖誕節折扣季，期能促進消費、刺激經濟，形成了現代的美國感恩節假期。

Memories of
Thanksgiving

感恩節回憶

Kristin ╱ 文化：美國

　　感恩節令我懷念外婆。她喜愛下廚，廚藝很好，小時候每年的感恩節，我們都會到外婆家享用感恩節大餐，她會在大桌上擺出昂貴的骨瓷餐具、水晶杯，且燒出一整桌的豐盛好菜：烤填料火雞、馬鈴薯泥、由火雞內臟自製的調味肉汁、紅糖甜薯烤盤、杏仁炒四季豆、蔓越莓醬、捲餅，還有我當年最愛的黑橄欖。我總會將每根手指頭套上一顆黑橄欖，然後開心地一一吃掉它們。小時候可以很自由地做這種傻事，雖然現在我已經不會再這樣吃，但卻教導姪女、姪兒們這麼玩。

　　感恩節是家族齊聚、與表兄妹碰面玩耍的日子。晚餐前後，孩子們會在屋內捉迷藏、院子裡玩鬼抓人遊戲，或是一起去公園散步。外婆過世後，換成我媽媽和她的兩個姐妹輪流舉辦感恩節大餐，大家約好在中午齊聚主人家，接著就是不停地吃喝、玩樂、聊天分享近況，直到晚上。

Amy ╱ 文化：美國

　　感恩節的最棒之處在於：非常多的食物、家族聚首，以及很多歡笑。我們習慣每個家庭事前分配準備不同的料理，必備的包括烤火雞、填料、鋪有碎核桃的甜薯盤、沙拉、蘋果派和冰淇淋。當天來到奶奶在佛羅里達的住處，大夥會坐在露天陽臺聊上一整天，然後不小心吃掉過多的食物！用餐的同時，每個人輪流表達各自想要感謝的對象或事物，晚餐後則喝咖啡、配甜點，一邊看著家族舊照片，回憶往事。

Sarsmis/Shutterstock

Thanksgiving Decorations
感恩節布置

Cornucopia
豐裕之角

前往爺爺與奶奶的家中吃頓傳統道地的感恩節晚餐，在鋪設得體的餐桌中央，常見一羊角型的圓錐編織籃，滿溢地盛裝水果與麵包，英文稱做「Cornucopia」。由字源來拆解，「cornu」與「copia」分別為拉丁文的「horn」和「abundance」，意涵為「Horn of Abundance」，中譯為豐裕之角，恰如其分地歡頌著慶祝豐收的感恩節。

「豐裕之角」起源於五世紀的古希臘神話。女神芮雅（Rhea）為了避免兒子宙斯（Zeus）遭父親克洛諾斯（Cronos）謀害，偷偷將剛出生的嬰兒宙斯藏匿於克里特島上的艾達山（Mt. Ida）山洞中，由仙女阿瑪爾特雅（Amalthea）以空羊角盛裝羊奶哺餵撫養。滿懷感恩的宙斯長大後，贈與仙女一只魔力羊角──Cornucopia，以報答養育之恩，讓仙女能對其許願，從中倒出食之不盡、用之不竭的源源食物。

現代美國家庭的豐裕之角裝飾已逐漸跳脫外觀形式，不論是一只鄉村風的藤竹野餐籃，或是巧具質感的原木沙拉碗，甚至手作烘焙的空心麵包，只要滿滿擺上全家人喜愛的糕點、季節鮮果或花卉，置於餐桌或邊櫃醒目位置，便成為代表闔家團圓慶豐收的好運布置。

手作：感恩樹

公開表達感謝之心，為美國感恩節的文化習俗。在感恩節饗宴上，傳統由身為一家之主的父親執刀分切火雞，並於用餐時，舉杯向在座的親友們致謝。近年，家長們為了鼓勵孩童學習適時表達感恩心情，發展出手作「感恩樹」（Thankful Tree）的節慶布置「新習俗」。在感恩節期間，每位家庭成員和前來拜訪的親朋好友們，分別於小紙卡上，寫下欲感謝致意的人、事、物，並將其懸掛於感恩樹上。因留言不具名且不限次數，大家能盡情抒發心意，同時也能透過觀看他人的感謝狀，獲得心靈的啟發。多數時候，人們趁此機會表露對親屬的感謝告白，讓「感恩樹」成為家中一溫馨滿溢的節慶角落。

材料

色紙卡 10 張

細彩色筆／彩色鉛筆

4×6 吋相框 1 個

4×6 吋白色卡紙 1 張

高花瓶

枯樹枝

打孔機

剪刀

棉繩

步驟

① 挑選能代表秋季色彩（例如：黃色、橘紅色、咖啡色、金色）的色紙卡。

② 將色紙卡剪成楓葉狀。可搭配不同尺寸、形狀或顏色的紙卡，讓感恩樹更繽紛多樣。

③ 使用打孔機，將每張楓葉卡的葉片底端剪出小孔。

④ 將棉繩剪成各約 10 公分長度的繩條，數量與楓葉卡相同。

⑤ 在高花瓶中平衡安插枯樹枝。

⑥ 於白色卡紙寫下「感恩樹」的參與方式，放入相框，陳列在花瓶旁。

⑦ 將細彩色筆、剪好的棉繩條，以及空白楓葉卡，排列在感恩樹前備用。

⑧ 各人將寫好的楓葉卡，以繩條穿過小孔、打結成吊環，依喜好懸掛在感恩樹上。

Thanksgiving Recipes
感恩節料理

Turkey 101
火雞料理指南

1. **火雞尺寸**：可以一人約食用一磅的分量，依據派對人數估計購買火雞的重量。

2. **火雞解凍**：冷凍火雞需提前數天解凍。每 4 磅火雞約需 1 天時間完全解凍，依據火雞重量，估計所需天數。解凍時，將火雞從冷凍室移至冷藏室，切勿在室溫下解凍！若是購買新鮮的火雞，則不需提前解凍。保存期限內，將火雞置於 4℃ 以下的環境冷藏保存。

3. **鹽水醃漬時間**：火雞肉的脂肪較少，烹調後肉質易顯乾巴。採用鹽水醃漬法事先處理，能讓火雞肉即便在長時間烘烤下，仍維持汁多飽滿的狀態！小於 12 磅的火雞，最佳醃漬時間為 8～12 小時。12～14 磅的火雞可增加時數為 9～14 小時。20 磅以上的火雞需醃漬 15～20 小時。

4. **火雞烘烤時間**：一隻 10～18 磅的填料火雞約需 4～4.5 小時的烘烤時間。18～22 磅的填料火雞約需 4.5～5 小時。22～24 磅的填料火雞約需 5～5.5 小時。

5. **火雞食用安全**：避免誤食未熟的火雞造成食物中毒，必須使用溫度計量測火雞是否完成烘烤。將溫度計插入大腿最深處，溫度需達 80～85℃、雞胸肉深處需達 75～80℃。

Herb-Garlic Butter Roasted Turkey

香料奶油蘋果烤火雞

食材

火雞 1 隻（約 5 公斤）
洋蔥 1 顆
檸檬 1 顆
蘋果 2 顆
帶梗迷迭香 1 把

帶梗奧勒岡葉 1 把
帶梗鼠尾草 1 把
雞高湯 3 杯
奶油 2 湯匙，加熱融化

醃漬鹽水：
水 16 杯
冰塊 1 杯
鹽 1 杯
白糖 1/2 杯
蒜粉 1 湯匙
胡椒粒 1 湯匙
月桂葉 8 片
多香果／五香粉（Allspice）3 湯匙

香料抹醬：
奶油 1 杯，室溫軟化
檸檬 1 顆
去梗百里香葉 1 湯匙
去梗迷迭香 1 茶匙
去梗羅勒葉 1 茶匙
鹽 1 茶匙
黑胡椒 1/2 茶匙
蒜頭 3 瓣

作法

鹽水醃漬：

1. 將 8 杯水，與所有醃漬食材放入湯鍋，以中火煮滾後，轉小火加蓋悶煮 10 分鐘。
2. 離火放涼，加入剩餘 8 杯冷水、冰塊，攪拌混合後，讓醃漬鹽水完全冷卻。
3. 從冷藏室取出解凍完成的火雞，移除內臟包（若有附含），以清水沖淨，放入火雞醃袋，或是能完全容納火雞與醃漬鹽水的深底大湯鍋。
4. 加入醃漬鹽水，讓火雞完全浸泡在鹽水中，密封後置入冰箱冷藏醃漬至少 8 小時。

香料抹醬：

① 檸檬洗淨外皮，取皮屑、榨出半顆檸檬汁。

② 蒜頭切末。百里香葉、羅勒葉洗淨後切末。

③ 將室溫軟化的奶油、檸檬皮屑、檸檬汁、蒜末、百里香葉、迷迭香、羅勒葉、鹽、黑胡椒攪拌混合成香料抹醬。

④ 取出冷藏火雞，清水內外沖淨後，以廚房用紙巾拍乾，於室溫下回溫 20 分鐘。

⑤ 烤箱預熱 220℃。

⑥ 以手指取香料抹醬，均勻塗抹於雞皮與雞胸肉之間、全雞外側、胸腔內側。

塞料：

① 洋蔥切大塊、檸檬切 4 瓣，蘋果切 4 瓣。

② 胸腔內，依序塞入檸檬塊、洋蔥塊、蘋果塊，填入迷迭香、奧勒岡葉、鼠尾草。

③ 以棉線將火雞大腿靠緊雞身交叉綁緊，打結固定。

烘烤：

① 將 V 型烤架置入烤盤，烤架上抹少許奶油。將塞料火雞雞胸肉朝上放在烤架上。

② 在烤盤內加入雞高湯，深度以不沾到烤架上的火雞底部為準。

③ 取錫箔紙，覆蓋火雞連同烤盤。置入烤箱中層，以 220℃烘烤 30 分鐘。

④ 調降烤箱溫度至 175℃，以刷子快速在火雞表面刷上兩層融化奶油，繼續烘烤。此後每 30 分鐘快速補刷奶油，以及烤盤底流下的火雞汁一次。

⑤ 在烘烤時間的最後半小時，移除錫箔紙，繼續烘烤，讓表面烤成金黃脆皮。

⑥ 取出烤盤，讓火雞於室溫下靜置 30 分鐘後，趁溫熱切開享用。

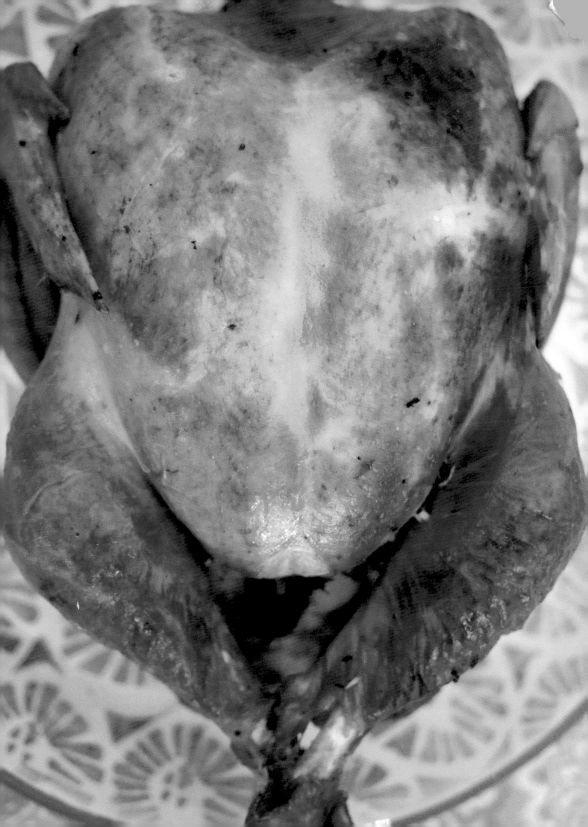

Mashed Potatoes with Butter

奶油馬鈴薯泥

食材

黃金馬鈴薯 5 顆（Yukon Gold Potatoes）

褐皮馬鈴薯 2 顆（Russet Potatoes）

奶油 6 湯匙

鮮奶油 1/4 杯

鹽 1/2 茶匙

黑胡椒 1/4 茶匙

韭蔥末 2 湯匙

作法

① 馬鈴薯削皮、去除芽眼，分切成四等份的大塊。

② 電鍋外鍋加一杯水，將馬鈴薯塊放入內鍋，蒸煮約 20 分鐘，開關跳起後繼續悶 10 分鐘。以叉子測試馬鈴薯是否已軟化、能輕易插入中央，但尚未軟爛。

③ 韭蔥洗淨、切末。

④ 奶油加熱融化。

⑤ 取出馬鈴薯，以紙巾拭乾多餘水分後，分批次放入馬鈴薯壓泥器，擠壓成薯泥條。

⑥ 趁熱加入奶油、鹽，以木勺攪拌至均勻混合。

⑦ 加入鮮奶油，混合均勻。

⑧ 撒上韭蔥末、黑胡椒盛盤。

① 混合採用高澱粉低水分的褐皮馬鈴薯，以及香甜滑順的黃金馬鈴薯，均衡出濃郁綿密的薯泥。

② 將馬鈴薯先與奶油攪拌均勻，才混入鮮奶油，讓澱粉分子先裹上油脂，以避免吸收過多水分，製作出的馬鈴薯泥更鬆軟、不溼糊。

③ 當馬鈴薯泥已與奶油和鮮奶油均勻混合後，便停止攪拌。過度地攪拌會令麵粉出筋，馬鈴薯將變得黏稠具咬勁，破壞味覺。

Baked Maple Candied Yams

楓糖甜薯烤盤

食材

紅薯 5 顆
橘子 1 顆
奶油 1/2 杯
黑糖 3 湯匙
楓糖漿 3 湯匙
水 1/2 杯
肉桂粉 1 茶匙
肉豆蔻粉 1/4 茶匙
香草精 1/2 湯匙
鹽 1/4 茶匙

作法

① 烤箱預熱 200℃。

② 橘子切半，榨汁。

③ 紅薯去尾端後削皮，切塊。

④ 將紅薯切塊分散平鋪於烤盤上。

⑤ 準備一小深鍋，以中火融化奶油。加入黑糖，一邊攪拌一邊煮至均勻溶解。

⑥ 加入橘子汁、水、肉桂粉、肉豆蔻粉、香草精、鹽，攪拌煮至開始滾沸。

⑦ 調降為小火，加入楓糖漿，繼續拌煮至均勻溶解，約 2 分鐘。

⑧ 把拌煮後的糖汁均勻倒在紅薯塊上。調整紅薯塊，使表面皆裹上糖汁。

⑨ 蓋上錫箔紙，置入烤箱烘烤 40 分鐘。

⑩ 移除錫箔紙，調整烤箱溫度至 250℃，烤至紅薯表面焦糖化但未烤焦，約 20 分鐘。

Roasted Brussels Sprouts
焗烤球芽甘藍

　　狀似迷你高麗菜的球芽甘藍，最早由羅馬人於現今的比利時布魯塞爾區域栽培，且盛產於荷蘭。十八世紀時，球芽甘藍隨著歐洲移民傳入北美洲，於每年 9 月份豐收，之後成為美國秋季常見的家常菜。球芽甘藍極富維生素 C、維生素 K，並含維生素 B 群、葉酸等高營養成分，內含的硫代葡萄糖苷（glucosinolates）經研究認為有抗癌效果，但在高溫烹煮後易產生硫化的苦澀味，因而不適合水煮或熱炒處理，反倒在烤箱中溫烘烤下，才能釋放自然甜度，使得菜心甜軟、外葉酥脆，為感恩節菜單上一道平衡味蕾的健康蔬食。

食材

球芽甘藍 15 ～ 20 顆
橄欖油 3 湯匙
鹽 3/4 茶匙
黑胡椒 1/4 茶匙

檸檬胡椒 1/4 茶匙
蒜頭 4 瓣，切末
帕馬森乳酪絲 1 杯
奶油少許

作法

① 烤箱預熱 180℃。
② 將球芽甘藍洗淨、摘除壞葉後，每顆對切成一半。
③ 取食物夾鏈袋，將球芽甘藍置入袋內，淋上橄欖油，加入蒜末、鹽、黑胡椒、檸檬胡椒。
④ 密封夾鏈袋，將球芽甘藍與所有香料均勻混合，放入冰箱醃漬 15 分鐘。
⑤ 使用少許奶油，均勻塗抹於乾淨的陶瓷烤盤內部，將球芽甘藍分散鋪於烤盤中。
⑥ 均勻撒上帕馬森乳酪絲，覆蓋所有葉面。
⑦ 蓋上錫箔紙，置入烤箱烘烤至球芽甘藍軟化、表層乳酪融成金黃色，約 30 分鐘。

PART 2

季節派對
Seasonal Parties

Sarsmis/Shutterstock

香檳燉飯佐蘆筍與帕爾瑪火腿

食材

義大利短米（Arborio）1 杯
帕爾瑪火腿薄片（Prosciutto）6 片
奶油 2 湯匙
橄欖油少許

蘆筍 1 把
帕瑪森乳酪細絲，1/4 杯
雞高湯 3 杯
香檳 1 杯

海鹽 1/4 茶匙
黑胡椒 1/4 茶匙
紅蔥頭 2 顆
蒜頭 2 瓣

作法

① 烤箱預熱 230℃。

② 紅蔥頭切片、蒜頭切末。

③ 將蘆筍洗淨，去除老根和粗纖維。

④ 將雞高湯倒入乾淨的深鍋，以中火煮沸後，加入蘆筍，滾煮 2 分鐘。撈出蘆筍，切段。

⑤ 調整爐火為小火，蓋上鍋蓋，使雞高湯保持沸騰狀態。

⑥ 於烤盤鋪上一張錫箔紙，將帕爾瑪火腿薄片分散平鋪，放入烤箱烘烤 3 分鐘，取出置涼。

⑦ 取一平底鍋，以中火融化 1 湯匙奶油，放入紅蔥頭炒軟、蒜末炒香，約 2 分鐘。

⑧ 加入義大利短米拌炒，使生米與奶油充分攪和。加入少許橄欖油，繼續拌炒至米粒顏色稍稍變淺，約 3 分鐘。

⑨ 加入香檳，待米粒吸收香檳香氣、酒精揮發。

⑩ 加入 1/2 杯沸騰的雞高湯燉煮。撒入海鹽、黑胡椒調味，期間持續攪拌。

⑪ 當湯汁被米粒吸收後，再加入 1/2 杯沸騰雞高湯攪拌燉煮。重複此步驟，直至全部雞高湯用完，約 20 分鐘。

⑫ 關火，加入蘆筍、帕瑪森乳酪絲，以及剩餘的奶油。以餘溫拌炒至乳酪、奶油融化，與燉飯完全混合，約 1 分鐘。此時米飯外圈飽滿、吸附濃稠汁液，而中心口感仍彈牙、顆粒分明。

⑬ 盛盤後，將預先烘烤的帕爾瑪火腿撥成小片，均勻撒在蘆筍香檳燉飯上，趁熱享用。

> 加入高湯燉煮前，先將生米與奶油中火拌炒，能使生米外圍均勻覆上一層薄油，且釋放淡淡的堅果風味。燉飯的最佳用米，為外觀圓胖堅實的義大利短米（Arborio short-grain rice），因為含有較多的支鏈澱粉（amylopectin），在燉煮時可比一般的亞洲長米白飯釋放出更多澱粉漿（starch），且容易吸收高湯，能料理出奶油般濃郁的汁液！

Note

Blackberry Soufflé

黑莓舒芙蕾

食材

牛奶 2/3 杯

鮮奶油 1/3 杯

奶油 1 湯匙

低筋麵粉 1 湯匙

玉米澱粉 1/2 湯匙

白糖 4 湯匙

蛋黃 3 顆

蛋白 3 顆

黑莓果 2 杯

糖粉少許

作法

① 烤箱預熱 190℃。

② 用少量奶油塗抹烤模底部、邊緣，並均勻裹上薄薄一層白糖。

③ 黑莓果洗淨後放入果汁機，打成泥狀，過篩。

④ 製作熱牛奶液：乾淨的湯鍋中加入牛奶、鮮奶油，以中火煮至微微冒泡但尚未滾沸。

⑤ 製作蛋黃液：準備一乾淨的攪拌盆，加入蛋黃、2 湯匙白糖，以打蛋器混合均勻。加入低筋麵粉、玉米澱粉，繼續攪拌至無粉塊殘留。

⑥ 取 1 杯熱牛奶液加入蛋黃液中。攪拌均勻後慢慢倒回湯鍋中，與其他熱牛奶液攪拌混合。加入奶油，以小火煮至濃稠狀。

⑦ 加入黑莓泥，混合均勻成黑莓麵糊。裝入乾淨的容器中，冷藏備用。

⑧ 準備另一個乾淨的攪拌盆，放入蛋白，以電動攪拌機中速打到起泡。加入 2 湯匙白糖，以高速將蛋白打發至色澤轉為乳白、質地稠密成型，提起攪拌棒時拉出的蛋白尖峰微微下垂，呈溼性發泡狀態。

⑨ 取 1/3 的蛋白霜，加入黑莓麵糊中，用打蛋器快速拌勻。

⑩ 加入剩餘 2/3 的蛋白霜，以切拌法拌至滑順均勻。

⑪ 倒入烤模至 8 分滿，輕搖烤模，讓底部的麵糊能分布平整。用拇指沿著麵糊頂部的烤模內緣順刮一圈，抹掉沾黏的多餘麵糊，能避免舒芙蕾在烘焙過程中膨脹不均勻。

⑫ 將烤模置於鐵烤盤上，放入烤箱中層，烘烤 17 分鐘。

⑬ 取出後，快速篩上一層糖粉，馬上享用。

Mimosa
含羞草香檳雞尾酒

食材

鮮榨柳橙汁 750 毫升
冷藏無甜香檳或氣泡酒 750 毫升
柑曼怡橙皮白蘭地（Grand Marnier）8 湯匙
冰塊 2 杯
粗白糖 1 湯匙
蜂蜜少許

作法

1 將新鮮柳丁榨汁、去籽，倒入玻璃壺中，加入冰塊，冷藏 10 分鐘。
2 手指沾取少許蜂蜜，薄薄一層塗上酒杯杯緣，作為黏著劑。
3 於乾淨的盤中鋪撒一層白糖，將酒杯倒置於白糖上輕輕扭轉，使杯緣裹上一層白糖。
4 將冷藏香檳緩緩注入至酒杯半滿。
5 加入冷藏柳橙汁至酒杯八分滿。
6 添加 1 湯匙柑曼怡橙皮白蘭地，以長柄湯匙輕輕攪拌數圈。

Shrimp Cocktail Chip Dip
鮮蝦雞尾酒沾醬

食材

鮮蝦 350 公克
牛番茄 3 顆
番茄醬 1/3 杯
檸檬 1 顆
萊姆 2 顆
酪梨 2 顆

洋蔥 1/4 顆
黃瓜 1/2 條
香菜 5 梗
蒜頭 2 瓣
鹽 2 茶匙
白糖 1/2 茶匙

黑胡椒 1/2 茶匙
辣醬 2 湯匙
白酒 1/4 杯
玉米脆餅 1 包
橄欖油 1 湯匙

作法

① 鮮蝦去殼、剔除腸泥背沙後洗淨。

② 檸檬洗淨後取皮屑、榨汁。

③ 湯鍋中加入水至半滿，加入檸檬皮屑、檸檬汁、鹽 1 茶匙，以中火煮沸。

④ 加入蝦仁汆燙至熟，取出迅速放入冰水降溫。瀝乾後切大塊，冷藏備用。

⑤ 取平底炒鍋，加入橄欖油熱鍋。將牛番茄切半，切面朝下放入鍋中，以中大火煎至軟化且微微變色但未黑焦，置涼備用。

⑥ 將萊姆洗淨，取皮屑、榨汁。

⑦ 將牛番茄、番茄醬、蒜頭、萊姆皮屑、萊姆汁、香菜、辣醬、白糖、鹽 1 茶匙、黑胡椒、白酒，放入果汁機中打成雞尾酒沾醬，冷藏備用。

⑧ 洋蔥切小丁、黃瓜切小丁。

⑨ 酪梨長邊對切，剖開後去籽，以湯匙挖出果肉，切小塊。

⑩ 將蝦仁、雞尾酒沾醬、香菜、洋蔥丁、黃瓜丁、酪梨塊放入乾淨的沙拉碗中，攪拌混合，依喜好，可再酌量添加鹽、黑胡椒調味。

⑪ 擺盤，取玉米脆餅，勺取鮮蝦雞尾酒沾醬食用。

Smoked Salmon Avocado Bites

燻鮭魚酪梨迷你三明治

食材

燻鮭魚薄片 1 包

吐司 6 片

酪梨 2 顆

紅蔥頭 1 顆

檸檬 1/2 顆

奶油起司 85 公克

黑胡椒 1/4 茶匙

鹽 1/8 茶匙

作法

① 紅蔥頭切細末、檸檬榨汁備用。

② 酪梨長邊對切，剖開後去籽，以湯匙挖出果肉，切小塊。

③ 將酪梨、奶油起司放入乾淨的攪拌盆中混合，搗成泥狀。

④ 加入檸檬汁、紅蔥頭末、黑胡椒、鹽，攪拌均勻。

⑤ 取圓形餅乾切模，將吐司切出 36 塊小圓形麵包片。

⑥ 以同尺寸圓形餅乾切模，將燻鮭魚薄片切出 18 片小圓片。

⑦ 將酪梨泥均勻塗上 18 塊小圓麵包片。

⑧ 在其餘 18 塊小圓麵包片放上燻鮭魚小圓薄片。

⑨ 將酪梨泥麵包片、燻鮭魚麵包片，重疊組合成小三明治。

⑩ 重複將所有麵包片組合完成後，插上裝飾牙籤固定。

Wavebreakmedia/Shutterstock

Spring picnic

春季野餐

Spinach Puffs with Ham & Cheese

火腿菠菜乳酪酥

食材

冷凍菠菜末 250 公克

起酥皮 10×10 公分 12 片

熟火腿厚片 1 片

現磨芳提娜起司 1 杯

現磨帕馬森起司 1/4 杯

鮮奶油 1/2 杯

鮮奶 1/2 杯

蒜粉少許

鹽 1/4 茶匙

黑胡椒 1/4 茶匙

奶油少許

作法

1. 取出冷凍起酥皮,置入冷藏室解凍。
2. 冷凍菠菜末於室溫解凍,瀝水後用手擠壓出多餘水分。
3. 烤箱預熱 200℃。
4. 火腿厚片切小丁,或是放入食物調理機絞碎。
5. 準備一乾淨的攪拌盆,放入火腿碎塊、菠菜末、現磨芳提娜起司、現磨帕馬森起司,攪拌混合。
6. 加入鮮奶油、鮮奶,鹽、黑胡椒、蒜粉,以矽膠刮刀攪拌均勻成菠菜內餡。
7. 將起酥皮裁切成約 10×10 公分的正方形共 12 張。若有需要接合起酥皮:將起酥皮交疊約 1 公分,用擀麵棍輕輕滾壓接合邊,使之黏合。
8. 準備一乾淨的 12 格瑪芬蛋糕烤盤,刷上少許奶油。
9. 將正方形起酥皮一一鋪進烤盤格中,輕輕將起酥皮順合烤盤底部與側邊。
10. 將菠菜內餡舀入烤盤格上的起酥皮中。
11. 以手指將起酥皮四尖角往中央攏合,輕壓使四尖角黏合。
12. 放入烤箱,烘烤至起酥皮呈金黃色,約 25 分鐘。
13. 讓菠菜乳酪酥在烤盤內稍微置涼,10 分鐘後取出。

Pecan Cinnamon Rolls
核桃肉桂捲

食材

麵團：

活性乾酵母 1 包（2 又 1/4 茶匙）

全脂鮮奶 1 杯

全蛋 2 顆

中筋麵粉 3 又 1/2 杯

白糖 1/4 杯

鹽 1/4 茶匙

奶油 3 湯匙

內餡：

奶油 2 湯匙

黑糖 2/3 杯

肉桂粉 3 湯匙

核桃 1 杯

糖霜：

奶油乳酪 70 公克，室溫

糖粉 2/3 杯

鮮奶 3 湯匙

香草精 2 茶匙

作法

肉桂捲：

① 將鮮奶、奶油倒入湯鍋中，加熱至 50℃。離火，加入活性乾酵母，攪拌均勻。

② 取乾淨的攪拌盆，混合入鹽、麵粉、白糖。

③ 加入步驟 1 之酵母液、全蛋，以電動攪拌機低速攪拌 5 分鐘，至材料充分混合，呈膠黏狀。

④ 轉中速攪拌至麵團成型，觸感柔軟、稍有彈性，約 5 分鐘。用手捏取一小塊麵團測試，若可拉成薄膜狀、透光而不輕易破裂，代表麵團已攪拌完成。

⑤ 取另一個乾淨的攪拌盆，抹油。輕輕將麵團塑成圓球狀，放入攪拌盆中，蓋上保鮮膜，置於溫暖處發酵 1 小時，或是至麵團膨脹約 2 倍大。用手指輕壓麵團，壓痕不會立即反彈即可。

填餡：

① 烤箱預熱 180℃。

② 在乾淨的攪拌盆中，混合黑糖、肉桂粉，備用。

③ 將奶油加熱融化，備用。

④ 打開保鮮膜，用手掌輕輕按壓發酵麵團數次，排出麵團中的二氧化碳。

⑤ 將麵團移至乾淨、鋪有少許麵粉的桌面上，用擀麵棍擀成約 0.5 公分厚的長方形麵皮。

⑥ 將奶油均勻刷在長方形麵皮表層。

⑦ 鋪上黑糖肉桂粉、撒上核桃碎塊。麵皮四邊留白約 0.5 公分。

⑧ 將麵皮緊緊捲起，捏合收尾邊，分切成均等厚度的圓餅狀。

⑨ 烤模抹油，將麵團圓餅排入，蓋上保鮮膜，置於溫暖處再次發酵 40 分鐘。

⑩ 放入烤箱，烘烤 30 分鐘，或是至表面呈現金棕色。

糖霜：

① 將奶油乳酪、香草精以電動攪拌器快速攪拌至鬆軟滑順。

② 分批次加入糖粉，不停攪拌至均勻混合。

③ 一次一湯匙，加入鮮奶，混合均勻後，淋上溫熱的肉桂捲。

Mango-Filled Meringue
芒果丁蛋白霜脆餅

食材

蛋白 3 顆
塔塔粉 1/8 茶匙
糖粉 1/3 杯
香草精 1/4 茶匙
鹽少許
檸檬 1/2 顆
脫水芒果乾 2 杯

作法

1 烤箱預熱 90℃。

2 脫水芒果乾切成小碎片。檸檬皮洗淨、取半顆皮屑。

3 持電動攪拌器，中速將蛋白打至起泡，擠入 3 滴檸檬汁、加入香草精、塔塔粉、少許鹽，
高速攪拌到蛋白呈慕斯泡沫狀，呈軟性發泡，約 1 分鐘。

4 分三批次慢慢加入糖粉，期間持續以高速攪拌，至泡沫細緻光滑，舉起攪拌棒時蛋白
霜尖端硬挺成型不垂落，呈硬性發泡，約 5 分鐘。

5 加入芒果乾、檸檬皮屑，輕柔地以矽膠刮刀攪拌混合，避免過度攪拌使得蛋白霜消泡。

6 在淺烤盤中鋪上一張烘焙紙。

7 以小冰淇淋勺，將蛋白糖霜舀至烤盤上，每顆間隔約 5 公分。

8 置入烤箱中下層，低溫烘焙 2 小時後，關火於烤箱中慢慢冷卻。

9 取出蛋白霜脆餅，搭配茶飲。或是置入密封罐中，保鮮期約為 3 日。

Mediterranean Pasta Salad
地中海風味義麵沙拉

食材

螺旋義大利麵 220 公克

菲達羊乳酪碎塊 170 公克

帕馬森起司粉 1 杯

卡拉瑪塔去籽黑橄欖 3/4 杯

牛番茄 2 顆

日曬番茄乾 10 片

奧勒岡葉 1/4 茶匙

平葉香芹，切碎片 1 杯

白酒醋 2 湯匙

橄欖油 1/3 杯

黑胡椒 1/2 茶匙

蒜頭 2 瓣

鹽 1/2 茶匙

作法

① 牛番茄洗淨後切塊，蒜頭剝殼後切 1/4 塊。

② 平葉香芹洗淨取葉，切碎片。

③ 卡拉瑪塔橄欖切 1/4 小丁、日曬番茄乾切小片。

④ 將蒜頭、白酒醋、橄欖油、鹽、黑胡椒、奧勒岡葉、一半量的日曬番茄乾，放入果汁機中磨碎成淋醬。

⑤ 煮一鍋加鹽沸水。放入螺旋麵，滴入少許橄欖油，以中火滾煮至熟但未軟爛，約 10 分鐘。

⑥ 瀝出熱水，迅速加入冷水，再次瀝乾，重複兩次。

⑦ 將螺旋麵盛入乾淨的攪拌盆中。

⑧ 加入牛番茄塊、卡拉瑪塔橄欖丁、菲達羊乳酪碎塊、帕馬森起司粉、平葉香芹，以及其餘的日曬番茄乾。

⑨ 倒入淋醬，以叉勺翻動攪和，將所有食材與醬料混合均勻。

Olesia Bilkei/Shutterstock

Summer barbecue
夏日燒烤

Marinaded Kabobs
檸檬芥末醃牛腰肉串&啤酒蜂蜜醃雞腿肉串

食材

檸檬芥末醃牛腰肉串：

牛腰肉 450 公克

檸檬 1 顆

蒜頭 3 瓣

橄欖油 1/2 杯

醬油 2/3 杯

伍斯特醬 1/4 杯

第戎芥末醬 2 湯匙

平葉香芹，切末 2 湯匙

百里香葉，切末 1/4 湯匙

黑胡椒 1/4 茶匙

啤酒蜂蜜醃雞腿肉串：

去骨去皮雞腿肉 450 公克

啤酒 1/2 杯

蜂蜜 1/3 杯

萊姆 1 顆

蒜頭 3 瓣

橄欖油 3 湯匙

醬油 1/4 杯

第戎芥末醬 1/2 茶匙

辣椒粉 1/4 茶匙

洋蔥粉 1 茶匙

黑胡椒 1/4 茶匙

蔬菜配料：

香菇 15 顆

綠節瓜 2 條

甜椒 3 顆

紅蘿蔔 3 條

作法

檸檬芥末醃牛腰肉：

❶ 牛腰肉切成約 3 立方公分肉塊。

❷ 檸檬洗淨後取皮屑、榨出檸檬汁。

❸ 蒜頭切細末、香芹切末、百里香葉切末。

❹ 將所有食材與醬料放入乾淨的容器中，混合均勻，確保每塊牛腰肉皆完全浸泡於醃醬中，冷藏 3 小時或隔夜。

啤酒蜂蜜醃雞腿肉：

❶ 雞腿肉切成約 3 立方公分肉塊。

❷ 蒜頭切末、萊姆榨汁。

❸ 準備一乾淨的攪拌盆，倒入啤酒、蜂蜜，攪拌均勻至蜂蜜溶解後，加入除了雞腿肉之外的其他醬料，混合均勻。

❹ 將雞腿肉放入食物夾鏈袋中，加入醃醬料，密封後隔袋輕揉雞腿肉，讓每塊雞腿肉完全浸泡於醃醬中，冷藏 3 小時或隔夜。

組合：

① 香菇洗淨、綠節瓜洗淨後切大塊、紅蘿蔔削皮後切大塊。

② 甜椒洗淨，去梗去籽後切大片。

③ 取出冷藏的醃牛腰肉、醃雞腿肉，依喜好組合串入燒烤籤中，置於烤架上大火炙燒。

Lemon Herbed Potato Salad
香草檸檬馬鈴薯沙拉

食材

馬鈴薯 5 顆

紅蔥頭 1 顆

蒔蘿葉 3 梗

平葉香芹 2 梗

檸檬 1 顆

橄欖油 1/3 杯

第戎芥末醬 1 湯匙

白酒醋 1 又 1/2 湯匙

白酒 1 湯匙

鹽 2/3 茶匙

黑胡椒 1/4 茶匙

作法

① 將馬鈴薯外皮刷淨,放入湯鍋。加入清水,水深蓋過馬鈴薯。以大火煮至沸騰後轉小火,加蓋悶煮至稍微軟化,叉子能輕鬆叉進馬鈴薯中央,約 15 ～ 20 分鐘。

② 檸檬外皮洗淨,取皮屑、榨出半顆檸檬汁。

③ 紅蔥頭切小丁。蒔蘿洗淨,去梗取葉。香芹洗淨,去梗後切碎。

④ 準備乾淨的攪拌盆,加入橄欖油、芥末醬、白酒醋、檸檬屑、檸檬汁、鹽、黑胡椒、紅蔥頭、蒔蘿葉,以打蛋器均勻攪拌混合。

⑤ 將煮軟的馬鈴薯瀝乾後,切成小塊放入乾淨的容器中,趁溫熱加入白酒,用手攪拌混合,讓馬鈴薯塊吸收白酒,擺盤。

⑥ 均勻淋上香草檸檬醬汁,撒上香芹葉。

Grilled Shrimp Foil Packets

橙香椰奶蒸蝦 & 酸辣蒜蓉蒸蝦

食材

橙香椰奶蒸蝦：
白蝦 220 公克
檸檬草 2 梗
青蔥 2 梗
椰奶 1/3 杯
甜橙 1 顆

酸辣蒜蓉蒸蝦：
白蝦 220 公克
蒜頭 3 瓣
檸檬 1 顆
奶油 3 湯匙
鹽 1 茶匙

黑胡椒 1/2 茶匙
洋蔥粉 1/4 茶匙
辣椒片 1 茶匙
平葉香芹，切末 1/3 杯

作法

橙香椰奶蒸蝦：

1. 鮮蝦洗淨，去頭殼。
2. 檸檬草、青蔥洗淨後切末。
3. 甜橙切半，榨出整顆橙汁。
4. 取兩張約 A4 大小之長方形燒烤錫箔紙，霧面朝下，一橫一直置中交疊後，將餘邊折起，和另一張錫箔紙重合固定。
5. 將鮮蝦置入錫箔紙中央，均勻撒上檸檬草末、青蔥末。
6. 將錫箔紙左右兩邊往中心線折起、上下兩邊往內重複收邊，形成一長盤蒸包。
7. 均勻淋上橙汁、椰奶後，封合錫箔紙。
8. 置於烤架，以炭火高溫燒烤約 10 分鐘。

酸辣蒜蓉蒸蝦：

1. 鮮蝦洗淨，去頭殼。
2. 檸檬外皮洗淨，取半顆皮屑、榨出整顆檸檬汁。
3. 平葉香芹洗淨，取葉片切末。蒜頭切末。奶油切小塊。
4. 將鮮蝦、檸檬皮屑、檸檬汁、蒜末、香芹末、鹽、辣椒片放入一乾淨的攪拌盆，均勻混合，浸泡醃漬 15 分鐘。
5. 取兩張約 A4 大小之長方形燒烤錫箔紙，霧面朝下，一橫一直置中交疊，將餘邊折起，和另一張錫箔紙重合固定。
6. 將鮮蝦與醃香料盛起，瀝除多餘汁液後，置入錫箔紙中央。
7. 將奶油小塊分布於鮮蝦上，均勻撒上洋蔥粉、黑胡椒。
8. 將錫箔紙左右兩邊往中心線折起、上下兩邊往內重複收邊，形成一長盤蒸包。
9. 置於烤架，以炭火高溫燒烤約 10 分鐘。

S'more with Homemade Marshmallows

烤香草棉花糖夾心餅

食材

吉利丁粉 3 包
白糖 2 杯
鹽 1/2 茶匙
香草精 1 湯匙
糖粉 1/2 杯
全麥蜂蜜餅乾 1 包
黑巧克力片 1 包

作法

1. 在長方形深盤烤模內均勻撒上一層糖粉。
2. 將吉利丁粉放入乾淨的攪拌盆中，加入 1/2 杯冷水，浸泡備用。
3. 準備一湯鍋，加入白糖、鹽、1/2 杯水，以中火攪拌煮至 118℃，置涼 5 分鐘。
4. 以電動攪拌機，低速將浸泡後的吉利丁攪散。加入溫糖漿、香草精，先以低速攪拌混合後，轉高速攪打，至混合物體積膨脹，質地轉為雪白細緻、濃稠的膏狀，約 12 ～ 15 分鐘。
5. 緩慢且均勻地倒入深盤烤模中，鋪平。
6. 蓋上保鮮膜，不要觸碰到棉花糖膏，置入冰箱冷藏 3 小時或過夜。
7. 準備比烤模大的餅乾烤盤，撒上糖粉防沾黏。
8. 取出冷藏的棉花糖烤模，倒置於餅乾烤盤上，將棉花糖脫模倒出，撒上糖粉。
9. 將棉花糖切成比全麥蜂蜜餅乾片稍小的立方塊，四面裹糖粉防沾黏。
10. 串起棉花糖，於炭火上方約 10 公分處燒烤。慢慢轉動，使四面均勻加熱至轉呈金黃色。
11. 連同一片黑巧克力片，以兩片餅乾夾起。趁夾心融化時享用。

Blueberry Mint Mojito

冰鎮藍莓莫吉托

食材

薄荷葉 10 片

藍莓 1 又 1/4 杯

鮮榨萊姆汁 2 湯匙

蘭姆酒 6 湯匙

蔗糖 1 湯匙

蘇打水 4 湯匙

碎冰 2 杯

作法

① 將蔗糖加入 1 湯匙熱水，攪拌溶解成糖漿。

② 調酒器中放入薄荷葉、萊姆汁、糖漿、1 杯藍莓鮮果，以搗碎棒壓榨出薄荷油、稍微
碾碎藍莓果。

③ 加入蘭姆酒、碎冰，手搖 15 ～ 20 秒鐘。

④ 濾出蘭姆藍莓調酒，倒入裝有碎冰的玻璃杯中。

⑤ 補上蘇打水至九分滿，以長柄湯匙輕輕攪拌混合。

⑥ 擺上薄荷葉、加入新鮮藍莓果粒。

依照派對人數調整莫吉托分量時，可依照「蘭姆酒：萊姆汁：糖漿」約 3：1：1 比例
原則增加食材用量。糖漿的製作比例則為「蔗糖：熱水」約 1：1。

Note

Miramiska/Shutterstock

Afternoon tea
秋日下午茶

Victoria Sponge Sandwich

維多利亞草莓夾心蛋糕

食材

蛋糕：

中筋麵粉 250 公克

白糖 250 公克

無鹽奶油 1/2 杯

泡打粉 1 又 1/2 茶匙

鹽 1/4 茶匙

雞蛋 4 顆

香草精 2 茶匙

糖粉少許

內餡：

鮮奶油 1 杯

白糖 2 湯匙

草莓 1 盒

作法

蛋糕：

① 烤箱預熱 180℃。

② 小火將奶油於小鍋中融化，放涼備用。

③ 將 8 吋圓形烤模抹油，裏上薄薄一層麵粉，以防沾黏。放入一張 8 吋圓形烘焙紙。

④ 將泡打粉、中筋麵粉、鹽，放入乾淨的攪拌盆，混合均勻、過篩備用。

⑤ 湯鍋中，煮少許水至沸騰冒出蒸氣。

⑥ 取另一乾淨的攪拌盆，加入雞蛋、白糖，持電動攪拌機以低速稍微混合。將攪拌盆移置湯鍋上方，運用蒸氣加熱，同時不停攪拌直到蛋液微溫（約 40℃）後移開熱源。

⑦ 轉高速繼續攪拌，至蛋液體積膨脹、顏色由鵝黃色轉成乳白色，且質地越來越細緻濃稠，約 5 分鐘。檢視蛋液，當舉起攪拌棒時流下的蛋液能順暢劃線時，表示全蛋已打發。轉低速，再攪拌約 30 秒鐘後停止。

⑧ 取過篩後的麵粉，以每次 1/3 的量加入蛋液中。用矽膠刮刀切拌至均勻混合、無粉塊殘留的麵糊。攪拌混合的動作需輕柔迅速，以避免麵糊消泡。

⑨ 將融化奶油、香草精、一湯匙麵糊加入乾淨的容器裡，攪拌混合。倒回步驟 8 與其餘的麵糊混合，用矽膠刮刀攪拌混合均勻。

⑩ 將麵糊緩緩倒入烤模中，抹平後在桌上輕敲數次，讓底部的大氣泡浮出。

⑪ 烘烤 25 ～ 35 分鐘，至蛋糕膨脹、表面呈金黃色。用細牙籤插入蛋糕中心測試，若取出無麵糊沾黏，表示已烤好。

⑫ 取出烤模，稍微冷卻後翻轉，小心將蛋糕脫模倒出。撕掉底部烘焙紙，置於涼架上完全冷卻。

內餡：

① 草莓洗淨、去梗後對切。

② 將冷藏的鮮奶油放入乾淨的攪拌盆，持電動攪拌機以中速打至起泡。

③ 加入白糖，高速攪拌至鮮奶油轉為質地稠密、花紋成形的霜狀。此時舉起攪拌棒，鮮奶油霜會留在攪拌棒上不滴落。

組合：

① 取鋸齒刀，將蛋糕水平對切成相同厚度的蛋糕片兩片。

② 將鮮奶油霜均勻塗抹於一蛋糕片上，厚度依個人喜好調整。

③ 將草莓分散鋪於鮮奶油霜上。

④ 輕輕蓋上另一塊蛋糕片，鋪上新鮮草莓、篩上少許糖粉。

British Currant Scone
英式果乾司康

食材

中筋麵粉 2 杯

泡打粉 2 茶匙

細鹽 1/2 茶匙

白糖 3 湯匙

無鹽奶油 6 湯匙，冷藏

葡萄乾 1 杯

鮮奶油 3/4 杯，冷藏

雞蛋 1 顆

蜂蜜 1 湯匙

作法

① 烤箱預熱 200℃。

② 在乾淨的大攪拌盆內，放入中筋麵粉、泡打粉、細鹽、白糖、葡萄乾。

③ 將冷藏奶油切成小丁，分散加入攪拌盆內，稍微翻動使其裹粉。

④ 使用奶油切刀，將裹粉的奶油丁在麵粉裡切混，形成尺寸如豌豆的沙礫狀即可。操作快速，且不要過度混合，避免奶油在室溫下過久而融化。

⑤ 取乾淨的小攪拌盆，放入鮮奶油、雞蛋、蜂蜜，用打蛋器攪拌均勻。

⑥ 分批次加入步驟 4 的大攪拌盆內，用叉子混合成溼潤塊狀。

⑦ 用手將分散的麵團集中，輕輕將麵團整合成球形。

⑧ 將麵團移至撒有少許麵粉的桌面上，以擀麵棍輕輕擀開成約 2 公分厚的圓餅。

⑨ 以圓形切模分割麵團，排開在鋪有烘焙紙的烤盤。

⑩ 於表面刷上少許鮮奶油、均勻撒上少許白糖。

⑪ 烘烤 15 分鐘，或是至表面呈金黃色。

⑫ 沏一壺伯爵茶，將司康剝開，塗上果醬或奶酪，溫熱享用。

① 外酥脆內鬆軟，是傳統司康的好口感。介於蛋糕與餅乾之間的質地，製作祕訣在於冷藏的固體奶油。分散於麵團中的固態奶油小顆粒，在烘焙融化後成為一個個小蒸氣室，膨脹撐起司康。因此，製作麵團的過程不要過度攪拌搓揉，避免奶油在入烤箱前就融化。

② 未烘焙的司康麵團，可在切割後分別以保鮮膜包起，放入夾鏈袋後冷凍，保鮮期約 2 個月。

③ 依季節與喜好，亦可採用蔓越梅乾、藍莓乾或其他乾果取代葡萄乾。

Mini Fruit Tarts with Lemon Curd
迷你水果檸檬酪塔

食材

塔皮：

中筋麵粉 1 又 1/4 杯

無鹽奶油 1/2 杯，冷藏

鮮奶油 3 湯匙

蛋黃 1 顆

白糖 1/3 杯

鹽 1/4 茶匙

檸檬酪：

雞蛋 2 顆

白糖 3/4 杯

檸檬 2 顆

奶油 1/2 杯，室溫

作法

塔皮：

① 將麵粉、白糖、鹽放入食物處理機中，稍微攪拌混合。

② 取出冷藏奶油，切成小丁後加入食物處理機中，瞬間切磨（Pulse）約 5～8 次，直到奶油與麵粉混合成粗沙狀小碎塊後，倒入乾淨的攪拌盆中。

③ 取一小碗，將蛋黃與 1 湯匙鮮奶油均勻打散，倒入步驟 2 之攪拌盆中。

④ 使用電動攪拌機，先以低速攪拌混合，若混合物太乾，再分次加入其餘鮮奶油。轉中速攪拌至無粉狀殘留。

⑤ 用手將麵團輕輕整合成球狀，移至撒上少許麵粉的平臺上，將麵團滾成均勻的長柱狀，以保鮮膜包起，冷藏 30 分鐘。

⑥ 取出冷藏的麵團柱，切 12 等份的麵團圓餅。

⑦ 以手掌將圓餅壓成比模具稍大的圓形塔皮。

⑧ 將塔皮放入已抹油的模具中，以手指輕輕按壓讓塔皮與模具貼合。用叉子在塔皮底部戳出幾個透氣孔，蓋上保鮮膜，冷凍 30 分鐘。

檸檬酪：

① 檸檬洗淨，取皮屑、榨出檸檬汁。

② 將檸檬屑、白糖放入食物處理機中，磨碎成檸檬糖砂。

❸ 將奶油切丁，放入乾淨的攪拌盆中，加入檸檬糖砂，以電動攪拌機混合至鬆軟。

❹ 加入雞蛋，一次一顆，攪拌均勻。

❺ 加入檸檬汁，攪拌至充分混合。

❻ 將混合物倒入湯鍋中，以小火一邊攪拌、一邊煮至檸檬酪溫度達 77℃，約 10 分鐘。

❼ 離火，過篩倒入乾淨的容器內，密封冷藏。檸檬酪冷卻後會越來越濃稠並凝固。

組合：

❶ 烤箱預熱 180℃。

❷ 取出冷凍塔皮，在每塊塔皮上鋪上一小片錫箔紙，放入烘焙石或生米壓住，此舉可避免塔皮中央在烘烤時凸起。

❸ 放入烤箱烘烤 15 分鐘，移除錫箔紙和鎮壓物，繼續烘烤至塔皮呈金黃色，約 5 分鐘。

❹ 趁熱脫模，在網架上置涼。

❺ 取出冷藏的檸檬酪，填入塔皮，依喜好鋪上各式新鮮水果。

French Canelé

蘭姆可麗露

食材

低脂鮮奶 3 杯
白糖 3/4 杯
低筋麵粉 1 杯
無鹽奶油 3 湯匙
蛋黃 2 顆
全蛋 1 顆
黑蘭姆酒 3 湯匙
香草精 3 茶匙

作法

① 將鮮奶、奶油、香草精放入湯鍋中，以小火慢慢加熱至奶油完全融化、液體溫度約 60～70℃。

② 取乾淨的攪拌盆，加入麵粉、白糖、蛋黃、全蛋，以打蛋器攪拌均勻。

③ 將步驟 1 的熱牛奶液分三次加入，攪拌均勻。

④ 加入黑蘭姆酒，攪拌均勻成卡士達漿。

⑤ 將卡士達漿過篩裝入容器中，密封冷藏 12～24 小時。

⑥ 烤箱預熱 250℃。

⑦ 將可麗露烤模刷入少許融化奶油，置入冰箱冷凍 5 分鐘，讓奶油層凝固後取出。

⑧ 取出冷藏的卡士達漿，緩緩倒入可麗露烤模，至 8 分滿。

⑨ 將烤模一一置於烤盤上，放入烤箱底層，以 250℃烘烤 5 分鐘。

⑩ 調降溫度至 180℃，繼續烘烤至表面著色成金棕色外殼，約 1 小時。

⑪ 將可麗露依序脫模，置於涼架上冷卻。

Creme Brûlée
法式焦糖奶酪

食材

鮮奶油 2 杯
鮮奶 1 杯
蛋黃 6 顆
白糖 3 湯匙

香草精 3 茶匙
黑莓果 2 顆
粗蔗糖少許
薄荷葉 2 片

作法

① 烤箱預熱 150℃。

② 於湯鍋中，加入鮮奶、鮮奶油、香草精、白糖，小火加熱至接近沸騰。

③ 將蛋黃放入乾淨的攪拌盆，均勻打散。

④ 取步驟 2 中一湯瓢量的熱牛奶液，緩緩加入蛋黃液中，同時用打蛋器快速攪拌。此方法能讓蛋黃液慢慢加溫，避免凝固結塊。混合均勻後，倒回步驟 2 的湯鍋內，與其餘熱牛奶液快速攪拌混合。

⑤ 小火煮至質地濃稠細緻的奶糊狀，上層出現少許泡沫即可。

⑥ 將奶糊過篩、濾掉浮沫後，倒入奶酪烤模中。

⑦ 準備一個深烤盤，將奶酪烤模分散置入。

⑧ 加熱一壺水，小心將沸水注入鐵烤盤裡，水深不超過奶酪烤模高度的一半。此方法能穩定烤模底盤的溫度，讓奶酪在低溫烘烤下均勻定型。

⑨ 烘烤至表層凝固，但輕輕搖晃烤模，奶酪中心似果凍般微微晃動，約 30 分鐘。

⑩ 取出烤模，置涼後包上保鮮膜，冷藏 3 小時。

⑪ 取出沁涼的奶酪，於表層平均撒上一層粗蔗糖。

⑫ 使用噴槍，均勻將蔗糖加熱融化、表面略焦呈金棕色。

⑬ 放上黑莓果、薄荷葉裝飾。

⑭ 食用時，以湯匙輕輕敲破焦糖層，舀下脆硬的焦糖，混合乳霜般的濃郁奶酪一同入口。

國家圖書館出版品預行編目資料

西洋節慶好好玩 ： 輕鬆上手的派對指南 / 郭芷婷，
Natalie Kuo 文．攝影． -- 初版． -- 臺北市：華成
圖書，2015.12
　面；　公分． --（玩味系列；B0808）
ISBN 978-986-192-263-8（平裝）

1. 節日 2. 民俗活動

538.5　　　　　　　　　　　　　　104020232

玩味系列　　B0808

西洋節慶好好玩：輕鬆上手的派對指南

作　　者／郭芷婷
插　　畫／Tomoko Maruyama

出版發行／華杏出版機構
　　　　　華成圖書出版股份有限公司
　　　　　www.far-reaching.com.tw
　　　　　11493台北市內湖區洲子街72號5樓（愛丁堡科技中心）
　　　　　戶　　名　華成圖書出版股份有限公司
　　　　　郵政劃撥　19590886
　　　　　e-mail　huacheng@farseeing.com.tw
　　　　　電　　話　02－27975050
　　　　　傳　　真　02－87972007
　　　　　華杏網址　www.farseeing.com.tw
　　　　　e-mail　fars@ms6.hinet.net
　　　　　華成創辦人　　郭麗群
　　　　　發 行 人　　蕭聿雯
　　　　　總 經 理　　熊 芸
　　　　　法律顧問　　蕭雄淋・陳淑貞

　　　　　總 編 輯　　周慧琍
　　　　　企劃主編　　蔡承恩
　　　　　企劃編輯　　林逸叡
　　　　　執行編輯　　張靜怡
　　　　　美術設計　　陳琪叡
　　　　　印務專員　　何麗英

定　　　價／以封底定價為準
出 版 印 刷／2015年12月初版1刷

總 經 銷／知己圖書股份有限公司
　　　　　台中市工業區30路1號　　電話　04-23595819　　傳真　04-23597123

☺讀者回函卡

謝謝您購買此書，為了加強對讀者的服務，請詳細填寫本回函卡，寄回給我們（免貼郵票）或 E-mail至huacheng@farseeing.com.tw給予建議，您即可不定期收到本公司的出版訊息！

您所購買的書名/_____ 購買書店名/_____

您的姓名/_____ 聯絡電話/_____

您的性別/□男 □女　　您的生日/西元_____年____月____日

您的通訊地址/□□□□□_____

您的電子郵件信箱/_____

您的職業/□學生 □軍公教 □金融 □服務 □資訊 □製造 □自由 □傳播
　　　　□農漁牧 □家管 □退休 □其他

您的學歷/□國中（含以下） □高中（職） □大學（大專） □研究所（含以上）

您從何處得知本書訊息/（可複選）

□書店 □網路 □報紙 □雜誌 □電視 □廣播 □他人推薦 □其他

您經常的購書習慣/（可複選）

□書店購買 □網路購書 □傳真訂購 □郵政劃撥 □其他_____

您覺得本書價格/□合理 □偏高 □便宜

您對本書的評價（請填代號/ 1.非常滿意 2.滿意 3.尚可 4.不滿意 5.非常不滿意）

封面設計_____ 版面編排_____ 書名_____ 內容_____ 文筆_____

您對於讀完本書後感到/□收穫很大 □有點小收穫 □沒有收穫

您會推薦本書給別人嗎/□會 □不會 □不一定

您希望閱讀到什麼類型的書籍/_____

您對本書及我們的建議/

華杏出版機構

華成圖書出版股份有限公司　收

11493台北市內湖區洲子街72號5樓（愛丁堡科技中心）
TEL/02-27975050

（沿線剪下）

（對折黏貼後，即可直接郵寄）

☺ 本公司為求提升品質特別設計這份「讀者回函卡」，懇請惠予意見，幫助我們更上一層樓。感謝您的支持與愛護！

www.far-reaching.com.tw　　請將　B0808　「讀者回函卡」寄回或傳真 (02) 8797-2007